Serenando a mente

Dados Internacionais de Catalogação na Publicação (CIP)
(Câmara Brasileira do Livro, SP, Brasil)

Nhat Hanh, Thich
 Serenando a mente : o olhar budista sobre o medo e o terrorismo / Thich Nhat Hanh ; tradução de Ricardo Anibal Rosenbusch. – Petrópolis, RJ : Vozes, 2007.

 Título original: Calming the fearful mind
 ISBN 978-85-326-3549-5

 1. Budismo – Doutrinas 2. Medo 3. Paz de espírito 4. Terrorismo – Aspectos religiosos – Budismo 5. Terrorismo – Aspectos religiosos – Zen-Budismo 6. Violência I. Título.

07-5954 CDD-294.337

Índices para catálogo sistemático:
 1. Budismo : Resposta Zen ao medo e ao
    terrorismo : Teologia social   294.337

Thich Nhat Hanh

Serenando a mente
O olhar budista sobre o medo e o terrorismo

Tradução de Ricardo Anibal Rosenbusch

© 2006, by Unified Buddhist Church

Título original inglês: *Calming the Fearful Mind*

A edição brasileira desta obra foi publicada por intermédio da Parallax Press.

Direitos de publicação em língua portuguesa:
2007, Editora Vozes Ltda.
Rua Frei Luís, 100
25689-900 Petrópolis, RJ
Internet: http://www.vozes.com.br
Brasil

Todos os direitos reservados. Nenhuma parte desta obra poderá ser reproduzida ou transmitida por qualquer forma e/ou quaisquer meios (eletrônico ou mecânico, incluindo fotocópia e gravação) ou arquivada em qualquer sistema ou banco de dados sem permissão escrita da Editora.

Editoração: Dora Beatriz V. Noronha
Projeto gráfico: AG.SR Desenv. Gráfico
Capa: Bruno Margiotta

ISBN 978-85-326-3549-5 (edição brasileira)
ISBN 1-888375-51-5 (edição americana)

Este livro foi composto e impresso pela Editora Vozes Ltda.

Sumário

Prefácio – Medo e violência (Heródoto Barbeiro), 7

Recomendação, 17

1. Erradicando o terrorismo, 19
   Compreendendo as raízes do terrorismo, 20
   O sofrimento dos Estados Unidos, 24
   Escuta profunda e compassiva, 28
   Um conselho de sábios, 31
   A mais bela exportação, 35
   Uma conferência de paz como retiro, 42
   Acreditemos em nossa senda espiritual, 43

2. A compaixão é nossa melhor proteção, 45
   Defender-nos sem violência, 47
   Preservemos a nossa humanidade, 49
   A tortura jamais se justifica, 50
   Nosso carma coletivo, 52
   Uma faca para matar ou para cortar legumes, 54
   Conseqüências conscientes, 58

3. Alimentar a paz, 63
   O primeiro nutrimento: alimento comestível, 63

O segundo nutrimento: alimento sensorial, 68
O terceiro nutrimento: nosso desejo mais profundo, 73
O quarto nutrimento: consciência, 78

4. Liderança corajosa e compassiva, 83
A paz é feita de paz, 83
Cinco passos para retornarmos a nós mesmos, 93
Organização de retiros de não-violência, 97
Cultivando a atenção, 103
Ações de paz, 106

5. Um século de espiritualidade, 111
O céu azul, 111
Vamos como um rio, 114
Construindo segurança mediante a comunicação, 115
A família de nações, 120
Revelando a luz da sabedoria, 123

Apêndice – Escritos sobre terrorismo, 125
As melhores flores da nossa prática, 125
Cultivar a compaixão em resposta à violência, 127
O que eu diria a Osama Bin Laden, 129

Práticas pela paz, 141
Meditação andante, 141
Escuta profunda e fala amorosa, 146
Começar de novo, 151

Fontes, 155

Prefácio

Medo e violência

*Heródoto Barbeiro**

A humanidade se transforma continuamente em um processo que não tem início nem fim. Em alguns momentos, essas mudanças são mais ou menos rápidas, dependendo do que impulsiona o processo histórico. Os que atentam para isso já viram que vivemos hoje uma aceleração que nunca foi vivida pela humanidade desde que se organizou em um sociedade constituída. No entanto, apesar das mudanças contínuas, alguns fatos dão impulso maior ou menor ao movimento. Os ataques terroristas contra as Torres Gêmeas, em Nova York, e o Pentágono, em Washington, em 2001, mudaram o panorama do mundo. Eles atingiram o âmago dos Estados Unidos, a maior potência do mundo, e deixaram seqüelas muito mais profundas do que o ataque japonês de Pearl Harbor, em 1941, fato que lançou os americanos na Segunda Guerra Mundial. O terrorismo fez com

---

* Heródoto Barbeiro é jornalista da TV Cultura; CBN.

que se movimentasse a maior máquina de guerra que jamais a humanidade tinha visto, a um custo de bilhões de dólares, para perseguir os responsáveis pelo atentado, estivessem eles no Iraque, Afeganistão, Paquistão, Faixa de Gaza, Cisjordânia, Colômbia, África ou nas escolas de aviação de Miami, onde estudaram os pilotos suicidas que se atiraram sobre os prédios com centenas de passageiros a bordo. A violência mostrou de forma aberta ao mundo que não tem bandeira como os navios japoneses no Havaí. Está espalhada por todo lado e pode eclodir nos trens de Madri, no metrô de Londres, ou em qualquer lugar dos Estados Unidos ou de seus aliados. Ela também não tem começo nem fim, nem hora para começar ou terminar. Seria repetitivo afirmar que a violência gera violência se não fosse o fato de nos mostrarem toda noite, no telejornal, os montes de mortos e feridos por atentados em várias cidades do mundo. Já virou rotina e ela amortece a dignidade das pessoas como se fossem fatos inevitáveis e com os quais tem-se que conviver na sociedade pós-industrial do século XXI. As expressões de dor, de horror, o choro das crianças e das mulheres começam a ser banalizadas pela mídia, e essas tragédias tratadas pelos jornalistas como notícias *commodities*, sem grande repercussão social.

O medo e a violência da sociedade contemporânea se capilariza e para se materializar não precisa de fatos de grande alcance como o terrorismo. Outros elementos geradores estão espalhados pelo planeta como o tráfico de drogas, tráfico escravo, miséria, exclusão social, analfabetismo, concentração de riquezas, crime organizado nas suas mais diversas formas, consumismo exagerado, devastação sistêmica do meio ambiente, doenças epidêmicas, enfim elementos que destroem no âmago as pessoas que são atingidas não por grande aviões, mas por pequenos acontecimentos diários que corroem o espírito humano e o levam a praticar a violência no varejo, aquela que povoa o noticiário diário da mídia. Assassinatos, roubos seguidos de morte, seqüestros. Entre tantas violências existentes no mundo, o terrorismo tem uma base ideológica, ou seja, é um instrumento de uma causa política de transformação da sociedade pela força e o combate ao que se qualifica de inimigo. Este tem que sofrer alguma dor, morte, ferimentos, perdas materiais ainda que para que esse ideal seja alcançado seja preciso atingir dezenas de inocentes estejam eles nas ruas, escolas, meios de transportes, ou templos religiosos. Não há obstáculo moral ou ético capaz de se contrapor ao desejo de despedaçar o inimigo. Qualitativamente o terrorismo mudou de atentados contra personalidades ou dirigentes políticos para as pessoas comuns, inocentes, pacíficas que são incapazes de uma reação. É um ato covarde e inaceitável no campo ético.

O budismo tem ligações doutrinárias e históricas com o combate à violência e ao medo. Desde a sua origem, reconhece que as ações violentas podem gerar o carma coletivo e por isso os que as praticam vão ser responsabilizados duplamente. Não há como escapar das conseqüências dos males causados. Desde a expansão do budismo no sudeste da Ásia ficou claro para monges e poderosos que a doutrina não se presta nem para ser imposta à força, nem justifica o domínio de um povo sobre outro sob qualquer pretexto. O próprio Rei Açoka, o primeiro grande difusor do budismo, sabia disso e aboliu a prática do "crê ou morre", a política da adesão ou a morte. Mesmo no auge da guerra do Vietnã, na década de 1970, os budistas não se prestavam para matar um outro ser humano. Alguns monges sentavam em praça pública, embebiam as vestes em gasolina e ateavam fogo, ou seja, a única violência que podiam praticar para chamar atenção da opinião puública mundial era contra si mesmos. Jamais contra um outro ser, humano ou não. A explicação é que o budismo não serve de base ideológica ou política para a sustentação do poder, como outras religiões serviram e, por isso, combater o Estado não é combater o budismo. Os reis budistas só tinham poder material, a doutrina não lhes dava nenhum poder além daquele obtido com os seus súditos. Portanto, nem o rei era filho de Buda, nem o seu poder era de origem divina, e os conflitos sociais e políticos tinham que ser resolvidos no campo da sociedade material e não no campo da metafísica. Os budistas, desde a sua origem, nunca quiseram salvar a alma de ninguém à força. Este é um problema individual de cada um e não uma atribuição do Estado. Daí não se registrarem nem guerras santas, nem cruzadas, nem *jihads*, nem morticínios, nem genocídios em nome do Buda ou de sua doutrina. No mundo budista não há campo para a obediência cega ao *führer*, uma vez que o próprio fundador da "religião " dizia que era para que todos duvidassem de suas palavras e experimentassem por si mesmos a prática da doutrina. Os líderes budistas, por sua própria origem, não podiam e não podem acumular poder político de qualquer espécie, uma vez que isso vai de encontro ao que Buda ensinou, e também se aplica no Tibete do Dalai Lama, que processa um tipo de religião que está mais para o lamaísmo do que para o budismo original como foi concebido por Siddartha Gautama, o Buda.

A violência de origem social está à solta na sociedade humana desde que se organizou após a revolução do neolítico. O desejo de possuir determinado *status* social, político, econômico ou a posse de produtos e objetos, o apego a bens materiais, foram os motores dessa violência através dos séculos. Essa violência é praticada nas cidades e no campo e ganhou corpo na sociedade contemporânea de consumo, onde uma forma de possuir determinados objetos de desejo é obtê-los à força e com o emprego da violência. Esta é disseminada em todos os estratos sociais e, assim como o terrorismo, também pode ocorrer em qualquer lugar e seus agentes estão em toda a parte. Basta ver na sociedade brasileira o crime do seqüestro ou as mortes que ocorrem nos cruzamentos de trânsito, um dos locais mais perigosos das nossas cidades. Os autores querem dinheiro de suas vítimas, tenham elas ou não, e muito freqüentemente tiram a vida, com ou sem obter o que almejam. Também aqui há a geração de carma individual e coletivo, haja vista que as desigualdades sociais, falta de educação e exclusão são fatores geradores dessas tragédias. E o Estado responde com a violência cotidiana nas favelas do Rio de Janeiro, ou de Salvador, ou do Recife ou na periferia espalhada de São Paulo. Novas mortes, mais desespero, mais choro, mais órfãos e viúvas, mais gente ferida pelas balas perdidas que alcançam escolas e *shoppings*. Uma verdadeira usina de infelicidade é alimentada pela violência, venha de onde vier, e espalha o medo por toda a sociedade. Os pais não dormem enquanto os filhos não voltam da escola, ou de uma balada; os cônjuges não sabem se o outro volta depois de um dia de trabalho, e os filhos não sabem se vão encontrar os seus pais em casa. Com a violência à solta tudo pode acontecer, e o noticiário está todo dia repleto de exemplos assustadores.

A doutrina do Buda se aplica tanto ao caso do terrorismo como à violência de origem social. A partir das Quatro Nobres Verdades enunciadas por Sidarta é possível constatar a existência da violência, descobrir as suas causas, constatar que é possível eliminá-la e como isso pode ser feito. É a aplicação social e coletiva dos preceitos individuais que todo praticante do budismo tem em mente todos os dias. Na raiz de tudo está o apego. Sem ele é possível estabelecer os caminhos de uma sociedade pacífica, igualitária e humana. Ele é o fato gerador de tudo. Sua manutenção impede o debate no campo da ética e da moral. Ele não tem limites e não respeita nenhuma fronteira, justifica o assalto, o assassinato, o estupro e qualquer outro tipo de violência. Os budistas são pacifistas de origem e, por isso, gostariam de ver palestinos e israelenses abandonando a Lei do Talião, e permitir que a paz seja construída ainda que em cima de um passado de morte. Para ter uma atitude budista não é preciso ir ao templo, nem raspar a cabeça, nem vestir o manto amarelo; basta praticar o bem, ou melhor, deixar de fazer o mal. A história está repleta de homens que tiveram atitudes budistas como Rondon, Gandhi, Nelson Mandela, Martin Luther King e muitos outros. Eram estadistas e não políticos. Pensavam na humanidade e não no acúmulo de territórios ou em vingança porque seus povos foram escravizados, humilhados e segregados pelos colonizadores. A guerra é um gerador de mudanças indiscutível e o século XX tem dois exemplos, mas o custo em vidas e destruição foi muito alto.

Onde o ser humano vai aprender a não praticar a violência e espalhar o medo? A resposta é: no cotidiano, na meditação, na observação do que ocorre conosco e com as pessoas que nos cercam, ou seja, o ensinamento do Buda é que as pessoas devem aprender a aprender, ou seja, caminhar com as próprias pernas e não esperar que a ajuda venha do céu ou de qualquer ser divino. É o ser humano consigo mesmo. Nada mais. Uma tarefa difícil e que contrasta com o modo de civilização ocidental, mas muito gratificante. A busca da sabedoria para combater a violência e o medo está no âmago de cada um, ela é inata, não é preciso buscar em livros ou em grandes tratados, e a meditação é a forma de ela fluir e se materializar. O aprendizado começa com a dúvida, e ela é muito eficaz quando se trata de descobrir o que nos leva a empunhar uma arma contra um semelhante. O máximo que se consegue na doutrina budista é mostrar o exemplo, mas o abandono da violência é um ato individual, uma decisão que só depende de si mesmo. É preciso ensinar, dar exemplo, estudar o passado, mostrar o sofrimento, mas nada disso tem importância se a pessoa não mudar o seu íntimo. É por aí que começa e termina tudo. Sem o esforço pessoal nada muda, pois não há convicção, certeza, determinação. Fora disso é tudo ilusão e é preciso combatê-la sistematicamente através da meditação, uma vez que no mundo da ilusão temos pouco ou nenhum controle sobre nossa vida. É impossível no mundo material não sentir medo, ansiedade, impotência, todos eles associados à ilusão. Ela turva a mente búdica que qualquer ser humano possui independentemente de ser budista ou não. O medo é o tigre de papel que se agiganta quando não o avaliamos corretamente, que é apenas um aglomerado de papel, bambu e tintas. Quando avaliamos apenas sua forma e não o seu âmago, ele fica cada vez mais assustador e nos ameaça psicologicamente. A mente consciente sabe que ele é uma ilusão, assim como o medo e, portanto, pode ser dominado. Ter coragem é dominar o medo, não é saltar de uma ponte preso por um elástico esperando o pior. Ter coragem é decompor o tigre, seja ele um trauma, uma lembrança, uma mágoa, um ressentimento, um arrependimento de uma ação praticada, ou qualquer outro lampejo na consciência. Ninguém quer ter inimigos, mas isso é impossível na convivência social, contudo isso pode mudar se perdoarmos os que nos odeiam, e não deixarmos que esse sentimento nos domine. A forma de combater o ódio é não exercê-lo contra quem quer que seja. Retaliar jamais. É um ato gerador de carma e de sofrimento para nós e para outros. É bom saber que ninguém consegue escapar de colher o que plantou no passado, então por que plantar a violência, o ódio, o medo, o escárnio, o desrespeito a outras pessoas? Para perpetuar a dor?

O respeito é a base de todos os méritos, por isso, entre os cinco preceitos do budismo o mais importante é não matar. Ele vale para o ser humano e para todos os outros seres que convivem conosco no planeta e têm o direito dado pela natureza de viver. Não preciso chegar ao princípio de se deixar picar por uma serpente para não matá-la, mas somos inteligentes o suficiente para espantá-la e continuar vivos. Matar um semelhante é a mais grave forma de matar. É impedir que ele continue o seu caminho em busca da iluminação, que possa se transformar em um ser divino, como o Buda, é truncar o avanço por um caminho que é um ideal humano, e quem somos nós para impedir isso? Quem nos deu o direito de impedir a iluminação de um ser? Isso é tão grave que o autor não vai se livrar da punição nem mesmo com os mais sinceros arrependimentos. É como uma flexa disparada, uma palavra proferida, uma oportunidade perdida: não tem como voltar atrás, não tem como reconstituir algo precioso que foi perdido. Nem mesmo o Buda foi capaz de restituir a vida a um morto. Ele sabia que era impossível e estava fora do seu alcance, mesmo quando teve que enfrentar uma mulher desesperada que queria que ele recuperasse a vida do filho morto. Ensinou-a a entender que a morte era inevitável e que nenhum ser humano poderia fugir dela, mas que ninguém pode abreviar a existência de outrem. É preciso entender que matar é errado, é o gerador dos mais terríveis carmas e que vai ser cobrado nesta ou em outras encarnações. Não há escapatória uma vez que é conseqüência de um ato praticado. A punição não é dirigida por um deus, ou por um vigiador do mundo, mas apenas pelo renascimento e morte, a roda que os budistas se aprimoram para escapar. Em outras palavras, é preciso entender que todos os seres vivos são apenas um, ou seja, todas as criaturas deste mundo têm essência búdica e por isso precisam ser respeitadas. Nisso habita o princípio da fraternidade, da tolerância com pessoas de outras etnias, de culturas diferentes, com a cor da pele distinta da nossa, com convicções pessoais e distintas. Todos precisam e devem ser respeitados. O tratado sobre a Perfeição da Sabedoria diz: "Pessoas que gostam de matar causam repulsa em outros seres vivos".

Recomendação

Thich Nhat Hanh, 1965

Promete-me,
promete-me neste dia,
promete-me agora,
enquanto o sol está a pino
exatamente no zênite,
promete-me:

Mesmo que eles
façam desabar sobre ti
uma montanha de ódio e violência;
mesmo que eles te espezinhem e te esmaguem
como a um verme,
mesmo que te esquartejem e te estripem,
lembra, irmão,
lembra:
o homem não é nosso inimigo.

A única coisa digna de ti é a compaixão –
invencível, ilimitada, incondicional.
Com o ódio nunca poderás enfrentar
a besta que há no homem.

Um dia, quando enfrentares essa besta a sós,
com tua coragem intocada, teus olhos amáveis,
calmos
(mesmo que ninguém os veja),
do teu sorriso
desabrochará uma flor.
E aqueles que te amam
contemplar-te-ão
através de dez mil mundos de nascimento e morte.

Mais uma vez sozinho,
eu seguirei em frente de cabeça baixa,
sabendo que o amor se tornou eterno.
No caminho longo e acidentado,
o sol e a luz
continuarão a brilhar.

1

Erradicando o terrorismo

No dia do Ano Novo de 2004, cheguei ao aeroporto de Los Angeles acompanhado por 120 dos meus alunos do monacato. Fizeram-me entrar numa pequena sala para ser revistado, e, por mais de uma hora, guardas de segurança revistaram-me, vasculharam minha bagagem, leram minha correspondência pessoal e interrogaram um monge que me acompanhava para saber se alguma vez eu montara bombas. Aqueles guardas não procuravam o Buda em mim; o que eles procuravam em mim era o terrorista. Um país não está indo pelo caminho certo quando atinge tal nível de medo.

Temos buscado força e segurança no poderio militar e tentamos defender-nos com armamento bélico, causando enorme sofrimento e destruição a nós próprios e a outros. Nossa maneira de lidar com o terrorismo está nos levando por uma perigosa senda de desconfiança e medo. É hora de parar. Façamos uma pausa. Está na hora de procurar força e segurança verdadeiras. Não podemos fugir à nossa interdependência com outras pessoas, com outros países do mundo. Dediquemos este momento a fazer um exame profundo e achar uma senda de libertação. Podemos voltar a olhar uns aos outros com os olhos da confiança, da irmandade e do amor.

Compreendendo as raízes do terrorismo

Dizemos que queremos combater o terror, que queremos destruir o terrorismo, mas será que sabemos sequer onde encontrá-lo? Podemos localizá-lo com um radar? Pode o exército achar o terrorismo valendo-se de seus óculos de visão noturna e seus detectores de calor?

A incompreensão, o medo e o ódio são as raízes do terrorismo, e os militares não podem achá-los. Bombas e mísseis não podem atingi-los, muito menos destruí-los, uma vez que o terrorismo reside nos corações de seres humanos. Assim, para erradicar o terror precisamos começar a olhar dentro de nossos corações. Não é preciso que nos destruamos uns aos outros, quer fisicamente, quer psicologicamente. Só conseguiremos desenvolver a percepção para identificar as raízes do terrorismo se serenarmos nossas mentes e olharmos bem fundo dentro de nós, pois com compaixão e comunicação é possível erradicar o terrorismo e transformá-lo em amor.

Se examinarmos em profundidade, poderemos identificar as autênticas raízes do terrorismo; não se trata de algo superficial. As raízes do terrorismo podem ser a boa vontade ou a fé religiosa e há pessoas que cometem atos de terrorismo em nome de seus valores e crenças. Elas podem sustentar que outros são maus por não compartilharem esses valores; sentem que é justificado destruírem seus inimigos em nome de Deus. Quem pratica esse tipo de violência pode morrer na convicção de que está morrendo por uma causa justa. Por acaso nosso país não está agindo com base na mesma convicção quando mata aqueles a quem define como ameaças? Cada lado acredita ser o único a representar a virtude, enquanto o outro lado representa o mal.

O medo é outra das raízes da violência e do terrorismo. Aterrorizamos outras pessoas para que elas não tenham possibilidade alguma de nos aterrorizar; queremos matar antes de ser mortos, porém, em vez de resultar em paz e segurança, isto aumenta a violência. Se matamos alguém a quem chamamos de terrorista, talvez o filho dessa pessoa se transforme em terrorista. Em todas as épocas da história, quanto mais matamos, mais terroristas criamos.

Não seria tão difícil para nós falar com aqueles que nos aterrorizaram e dizer-lhes: "Vocês devem ter sofrido profundamente; devem ter sentido muito ódio e fúria contra nós para fazer o que nos fizeram. Tentaram destruir-nos e causaram-nos enorme sofrimento. Qual foi o mal-entendido que os levou a agir dessa maneira?"

Vivi no Vietnã durante a guerra e vi muita injustiça. Milhares de pessoas foram mortas, inclusive muitos de meus amigos e alunos, e isso despertou intensa ira em mim. Uma vez fiquei sabendo que a cidade de Ben Tre, com 30.000 habitantes, foi bombardeada pela aeronáutica americana porque alguns guerrilheiros haviam entrado na cidade e tentado derrubar seus aviões. Os guerrilheiros não tiveram sucesso e foram embora logo depois. Em represália, os EUA destruíram a cidade completamente. Posteriormente, o oficial responsável por esse ataque declarou que havia sido necessário destruir a cidade de Ben Tre para salvá-la. Eu senti muita raiva, mas já então havia começado a praticar o budismo; assim, não disse nem fiz nada, pois sabia que fazer ou dizer alguma coisa estando com raiva acabaria resultando em muita destruição. Concentrei-me em respirar, na inspiração e na expiração; sentei-me sozinho, fechei os olhos, reconheci minha ira, acolhi-a e examinei em profundidade a natureza do meu sofrimento. Então, senti a compaixão surgir em mim.

Por ter feito esse exame profundo, eu consegui entender a natureza do sofrimento no Vietnã e vi que tanto os vietnamitas quanto os americanos sofriam na guerra. Os jovens americanos enviados para matarem e serem mortos no Vietnã sofreram intensamente, e seu sofrimento continua ainda hoje. Suas famílias e ambas as nações ainda sofrem. Pude ver também que a causa do nosso sofrimento no Vietnã não residia nos soldados americanos, mas na insensatez da política americana, baseada na incompreensão e no medo.

O ódio e o medo saíram do meu coração. Pude entender, então, que nosso verdadeiro inimigo não é o homem, não é outro ser humano, mas a ignorância, a discriminação, o medo, a ânsia e a violência em nós. Fui aos Estados Unidos para pedir ao país que fizesse um exame profundo que levasse o governo a mudar suas políticas com relação ao Vietnã. Fui por amor. Encontrei-me com o secretário da Defesa, Robert MacNamara, a quem falei sobre o nosso sofrimento. Ele me escutou com profundidade durante longo tempo e eu senti imensa gratidão pela sua forma de escutar. Três meses depois disso, quando a guerra se intensificou, ele renunciou ao cargo.

Na tradição budista, nós praticamos respiração e caminhada atentivas com o propósito de reconhecer, acolher e transformar nossa ira. A atenção pode ajudar-nos a perceber o que se passa dentro de nós e à nossa volta. Todos podem ser atentivos: se você toma uma xícara de chá e sabe que está tomando uma xícara de chá, isso é beber de maneira atentiva; quando você inspira e está ciente de estar inspirando, isso é respiração atentiva; quando você dá um passo e está ciente de que deu um passo, isso é caminhada atentiva. O processo básico nos centros de meditação consiste em gerar atenção em todos os momentos do nosso dia-a-dia. Quando você está zangado, está ciente de estar zangado. Quando a prática cotidiana já tiver gerado em você a energia da atenção, você terá calma e introspecção suficientes para reconhecer, acolher, examinar em profundidade e compreender seu sofrimento.

Segurança não é questão individual. Todos queremos sentir-nos seguros e protegidos, pois ninguém quer viver sempre com medo. A segurança é um desejo básico e profundo de todas as pessoas, seja qual for a nacionalidade. Se os outros não se sentirem seguros, nós também não nos sentiremos e se ameaçarmos a segurança de outrem, também nos sentiremos ameaçados. É o que acontece com a felicidade. Se seu pai não é feliz e tem sofrimento profundo, não há como você ser realmente feliz; se seu filho sofre muito, você não pode ser verdadeiramente feliz, porque pensar na felicidade de seu filho é pensar na sua própria felicidade. O mesmo vale para a segurança: quando levamos em consideração como os outros podem se sentir seguros, também nos sentimos seguros.

O sofrimento dos Estados Unidos

Para conseguir erradicar o terrorismo precisamos primeiro escutar com profunda atenção os nossos cidadãos. Muitos de nós sentimos ser vítimas de discriminação, injustiça e exclusão. Os pobres, os sem-teto, as minorias, os imigrantes, os homossexuais, bissexuais ou transgêneros, judeus, muçulmanos, idosos, gente com HIV/Aids e muitos outros freqüentemente se sentem excluídos. Os Estados Unidos ainda não têm sido capazes de dar ouvidos ao sofrimento de sua própria gente.

Já existe sofrimento demais neste país. Assoberbamo-nos fazendo tudo o que podemos, refugiando-nos em fazer cada vez mais e mais rápido, e, quanto mais fazemos, maior se torna o sofrimento. As pessoas sofrem tanto que não podem agüentar mais sofrimento. Não dormimos bem de noite e nos divertimos durante o dia. Não podemos atentar para o sofrimento em outros países se nós próprios sofremos tanto; o contato com mais sofrimento só nos sobrepuja e nos paralisa.

É necessário que todos soframos menos para restabelecer algum tipo de equilíbrio dentro de nós, e só então poderemos agir de maneira concreta e efetiva em prol da paz no mundo. Se interrompermos a atividade e o consumo constantes em que estamos envolvidos, poderemos reconhecer o sofrimento que há dentro de nós, produto da ignorância, da ira e do medo. Podemos exercitar a respiração, fazer caminhadas e moderar o ritmo de atividade para ter alívio. Podemos reencontrar-nos como país, reconhecendo e acolhendo o nosso sofrimento. Ao praticar a atenção, vemos que o medo e a raiva nascem dentro mesmo do nosso país, que não vêm de fora. Como país, podemos gerar uma atenção coletiva para acolher nosso medo e nossa raiva. Juntos, com suficiente sensibilidade, despertar e introspecção, nós podemos acolher nosso sofrimento. Quando nos sentimos melhor, conseguimos ter alguma introspecção e sabemos o que fazer e o que não fazer em situações de conflito.

Num retiro para gente da indústria do entretenimento de Hollywood, em 2004, eu disse que se diretores, produtores e atores pudessem permitir que a semente de felicidade e paz dentro deles fosse regada, poderiam então usar seus talentos fazendo filmes que regassem as sementes do despertar e da atenção das pessoas em geral. Como profissional do entretenimento, você pode ajudar seu país a voltar para si mesmo, reconhecer sua dor, sua raiva, seu pesar e seu medo e obter algum alívio. Essa é a tarefa de um *bodisatva*.

Poderíamos fazer mais filmes focados no sofrimento deste país, e as pessoas veriam na tela alguém que representaria o sofrimento do país como um todo. O filme inspiraria as seguintes perguntas: Por que estamos sofrendo? O que fizemos que nos faz sofrer assim?

Sofremos tanto porque no passado vivemos, agimos e dissemos coisas de um modo ou de outro. Com essa compreensão, a verdade da cura se revelará. Então nós saberemos o que fazer e o que não fazer, o que pensar e o que não pensar, o que dizer e o que não dizer para não piorar a situação e trazer alívio para nós e para outros. No andamento do filme poderíamos descobrir as verdades sobre a cessação do sofrimento, a transformação e a cura. A semente de Buda, a semente do despertar, a semente do amor está em você. Em que pese o que eles próprios às vezes acreditam, o que na verdade interessa em primeiro lugar a diretores e atores não é a fama nem a riqueza. A mente do amor é muito forte e se pudessem tocar esse amor eles virariam *bodisatvas* e fariam filmes que conduziriam as pessoas ao despertar.

Ajudar outrem, ajudar a nós mesmos

Ao examinar uma pessoa doente, o médico procura identificar e eliminar a doença do paciente, pois sua função não é matar seu paciente, mas curar a doença de que este padece.

O mesmo ocorre com a pessoa que tem sofrido muito e, com isso, fez mais alguém sofrer: a solução não é matá-la, mas ajudá-la a superar seu sofrimento. Esta é a orientação que recebemos de Buda, Jesus, Moisés e Maomé; este é o desejo dos nossos mestres espirituais. É a prática da compreensão e do amor.

Talvez alguém do seu círculo íntimo tem feito você sofrer com palavras e atos. Suas palavras estão cheias de mordacidade, mal-entendidos, censuras e reprovação. Pode até parecer que só você está sofrendo, mas a outra pessoa deve ter sofrido intensamente para agir dessa maneira.

Você pode se ver tentado a abandonar ou eliminar essa pessoa. Às vezes um marido quer matar sua mulher, eliminá-la para se libertar. Mas eliminar a outra pessoa é render-se ao próprio desespero e o que precisamos eliminar é a causa do sofrimento. Se você puder ajudar essa pessoa a remover as raízes do sofrimento de dentro dela, ela deixará de sofrer e parará de fazer você sofrer. Ciente disto, você fará o que estiver ao seu alcance para ajudar essa pessoa a não sofrer. Logo, ajudar o outro é ajudar a si mesmo. Isto vale tanto entre as pessoas quanto entre as nações.

É muito importante que voltemos para nós mesmos e nos abstenhamos de agir ou dizer coisas quando não estamos calmos. Podemos retornar a nós mesmos e procurar redescobrir a calma, a tranqüilidade e a lucidez. Há meios que podemos utilizar para compreender as verdadeiras causas do sofrimento. Esta compreensão nos ajudará a fazer o que precisa ser feito, bem como nos impedirá de fazer o que poderia ser prejudicial a nós e a outras pessoas.

Depois de voltarmos a nós mesmos, podemos virar para a outra pessoa e dizer: "Meu caro amigo, eu sei que você tem sofrido bastante no passado. Lamento não ter compreendido seu sofrimento e ter contribuído para ele com meu modo de reagir ao que você dizia e fazia. Não quero que você sofra nem quero lhe destruir; desejo sinceramente que você seja feliz porque sei que, se você for feliz, eu poderei ser feliz também. Sei que você tem muitas impressões e opiniões a meu respeito e talvez você ache que sou terrível, que sou uma pessoa má. Eu sinto muito. Como eu não compreendi seu sofrimento, não pude ajudá-lo e acabei fazendo a situação piorar. Sinto muito mesmo e não quero que isto continue. Se você quiser conversar comigo, se quiser abrir seu coração para mim e dizer-me as coisas torpes que eu lhe fiz, prometo que farei o possível para ajudá-lo e abster-me de agir ou falar de modo que possa causar sofrimento a você e a mim".

Essa é a prática. Se você for franco e falar com toda sinceridade, e se sua motivação for o desejo de ajudar, a outra pessoa se abrirá e lhe contará o que traz no fundo do coração.

Escuta profunda e compassiva

Se a outra pessoa aceita o que você lhe oferece e começa a abrir-se, você deve preparar-se para praticar a escuta profunda e compassiva. Escute com toda a sua atenção e concentração. Seu único desejo é dar à outra pessoa uma oportunidade de falar com toda a franqueza. Escutar com compaixão e profundidade significa que a outra pessoa – ou o outro país – pode dizer o que nunca antes teve oportunidade ou coragem de dizer, porque ninguém a escutou profundamente até esse momento.

É possível que, no início, as palavras dessa pessoa estejam cheias de censura, amargura e acusação. Se puder, mantenha a calma e escute. Escutar desta maneira é dar à pessoa a oportunidade de remediar seu sofrimento e corrigir seus erros de percepção. Se você interromper, negar ou corrigir o que a pessoa diz, não conseguirá avançar rumo à reconciliação. A escuta profunda é permitir que a outra pessoa fale, mesmo que o que diga contenha equívocos e injustiças. Ao escutar atentamente a outra pessoa, você não só reconhece seus erros de percepção como se dá conta de que também você tem percepções equivocadas sobre si mesmo e sobre ela. Depois, quando ambos estiverem calmos e a outra pessoa se sentir mais à vontade e confiante em você, você poderá começar, aos poucos e com habilidade, a corrigir os erros de percepção dela. Falando amorosamente, você pode apontar o que ela interpretou mal quanto a você ou à situação. Falando com afeto você pode também ajudar a outra pessoa a entender as dificuldades que você enfrenta. Vocês podem ajudar-se mutuamente a livrar-se desses erros de percepção que são sempre a origem da raiva, do ódio e da violência.

O propósito da escuta profunda e da fala amorosa é restabelecer a comunicação, pois, quando isso acontece, tudo é possível, inclusive a paz e a reconciliação. Sou testemunha de que muitos casais conseguiram restaurar relacionamentos difíceis ou desfeitos. Muitos pais, filhos e esposos restabeleceram a paz e a felicidade de suas famílias por meio desta prática. Praticando a escuta profunda e falando amorosamente, eles se reconciliaram.

No curso de um retiro espiritual em Oldenberg, na Alemanha, no final da década de 90, depois de ouvirem minhas instruções sobre escuta profunda e fala amorosa, quatro pessoas saíram da sala de palestras e telefonaram para seus pais de imediato. Elas exerceram a prática de falar amorosamente e da escuta profunda por telefone. Estavam afastadas de seus pais havia muito tempo, sem contato algum, e sabiam que não podiam permitir que isso continuasse. Não precisaram voltar para casa para empreender a tarefa da reconciliação; simplesmente ligaram logo para seus pais. No dia seguinte, elas contaram que haviam conseguido reconciliar-se com eles, valendo-se da escuta profunda e falando amorosamente. Escutando alguém com compaixão, podemos transformá-lo em amigo. Talvez ninguém tenha sido capaz de escutá-lo; quiçá você seja a primeira pessoa que se dispõe a escutar o que ele tem a dizer e dar-lhe o alívio de que precisa. Você se torna um *bodisatva*, um ser que acaba com o sofrimento. Você perde um inimigo e ganha um amigo.

Um conselho de sábios

Os Estados Unidos estão sofrendo imensamente. O destino da nação é grandioso demais para ficar apenas nas mãos dos políticos. Assim, precisamos de quem seja capaz de escutar com todo seu coração, que escute como ser humano e não só como político. Temos de escolher líderes que saibam escutar, mesmo que não sejam tão conhecidos. Proponho que o povo dos Estados Unidos forme um Conselho de Sábios que possa escutar em profundidade as pessoas que se consideram vítimas de discriminação, exploração e injustiça social. O Conselho de Sábios poderia ser formado por pessoas sem militância política que tenham vivido em contato com o sofrimento e o compreendam, além de terem experiência na prática da reconciliação e da pacificação.

Podemos aprender com a experiência de outros países, como por exemplo, a África do Sul, onde a Comissão de Verdade e Reconciliação foi constituída para curar as feridas causadas pelo *apartheid*. A comissão foi presidida pelo Bispo Desmond Tutu e teve o apoio de negros e brancos como fórum legítimo para a busca de compreensão e reconciliação. Organizaram-se sessões televisionadas nas quais membros de diversos grupos raciais podiam escutar e ser ouvidos, com o resultado tangível de que negros e brancos puderam começar a achar um modo de coexistir pacífica e respeitosamente na África do Sul. Eis um exemplo concreto do efeito poderoso que a comunicação direta e compassiva pode ter tanto no nível nacional quanto no internacional.

A Primeira Verdade Nobre do budismo é o reconhecimento do sofrimento, o reconhecimento do mal-estar. O Buda recomendou que o primeiro passo na cura do sofrimento fosse compreender as raízes da situação. A tarefa do Conselho de Sábios seria convidar aqueles que sofrem no país a comparecerem e falar abertamente. O ambiente criado deveria ser de responsabilidade, segurança e escuta profunda, uma vez que muita gente tem imensa dor no coração mas não se atreve a expô-la. A prática seria bem-sucedida se aqueles que sofrem pudessem descrever em detalhe seu medo, sua raiva, seu ódio, seu desespero e sua esperança.

Sei que muitas personalidades públicas vêem a situação como eu a vejo, mas elas admitem que lhes falta coragem para dizer isso abertamente. Trata-se de lideranças políticas ou do setor do espetáculo que têm receio de perder as posições que ocupam. Quando dei uma palestra na Igreja Riverside em Nova York, logo após o 11 de setembro de 2001, meu motorista de táxi pôde assistir, apesar de 1.500 pessoas não terem conseguido entrar porque a igreja estava lotada. Mesmo não sendo um líder político ou de negócios, o taxista comentou com alguns de nossos monges e freiras que concordava completamente com as palavras de Thây mas não tinha coragem de admiti-lo diante das pessoas de seu círculo de relacionamento[1]. Não que os americanos não

---

1. Os amigos e alunos de Thich Nhat Hanh chamam-no carinhosamente de "Thây", um título que significa "mestre" em vietnamita.

tenham a introspecção, mas simplesmente que eles nem sempre têm a coragem de apresentá-la abertamente.

Não é fácil para as pessoas exprimirem o que sentem. Para ajudá-las a se sentirem à vontade, você tem de falar amorosamente e valer-se de todo seu talento e seu zelo. Você tem de criar um ambiente seguro, no qual elas possam ter certeza de que não serão punidas nem hostilizadas quando disserem suas verdades. A prática de escutar em profundidade as pessoas que sofrem no país pode levar meses, talvez entre seis meses e um ano. Um Conselho de Sábios poderia proporcionar o espaço adequado para as pessoas terem essa coragem.

Esta é a prática básica do budismo, a Primeira e a Segunda Verdades Nobres de que o Buda falou, isto é, reconhecer o sofrimento e compreender a sua natureza. Sem compreender o sofrimento e suas raízes é impossível entender como se libertar dele. A Terceira Verdade Nobre é que é possível parar o sofrimento. A Quarta é que existe uma senda concreta que leva ao bem-estar, ao fim do sofrimento. Compreender o sofrimento é o pré-requisito para fazê-lo acabar. A fim de compreender o sofrimento, você deve praticar a escuta profunda e compassiva. O Conselho de Sábios saberá ouvir com corações e mentes totalmente abertos, sem motivação política, concentrando-se apenas na compreensão e no alívio do sofrimento.

As sessões de escuta profunda do Conselho de Sábios poderiam ser televisionadas, de modo que o país inteiro possa participar desse processo. Todos temos de aprender sobre nosso sofrimento e o sofrimento das pessoas em nosso país. Trata-se de uma prática espiritual; embora possa haver muita tecnologia envolvida, com microfones e câmeras de televisão, o momento é muito espiritual. Você escuta sem preconceitos, unicamente com compaixão. Quiçá o país necessite escutar por muitos meses até as pessoas conseguirem exprimir tudo o que trazem no coração.

Depois que o Conselho de Sábios – junto com o país inteiro – tenha escutado em profundidade, nós saberemos o que fazer e sobretudo o que não fazer. Teremos modos claros e concretos de eliminar o sofrimento, de dar às pessoas a oportunidade de sorrir e se sentirem compreendidas, de saberem que receberão o apoio de que precisam.

Já me perguntaram que medidas concretas pode tomar o governo dos Estados Unidos para diminuir o sofrimento do povo americano. Representantes de diversos grupos dos EUA poderiam responder detalhadamente perante o Conselho de Sábios. Em seguida, o Conselho apresentaria propostas ao governo americano, oferecendo-lhe uma visão da situação atual e recomendações concretas com base na sua sabedoria coletiva.

Você se lembra quanto tempo o Senado e a Câmara dos Estados Unidos passaram discutindo o escândalo sexual do ex-presidente Clinton? O Congresso e a mídia perderam um monte de tempo, energia e dinheiro discutindo um assunto tão insignificante. Com isso, causaram intenso nojo no mundo inteiro. No entanto, o verdadeiro sofrimento do povo americano tem sido negligenciado de modo geral. Daí que temos de nos dedicar a esta prática de escutar o sofrimento de nosso povo.

Como muitas das sessões do Conselho de Sábios seriam televisionadas, o país inteiro estaria envolvido na sua própria cura. A meditação já não é um trabalho individual; em nossos tempos, ela deve ser uma prática coletiva. Muita gente acha que a meditação é uma atividade particular, simplesmente estar sozinho e observar: "Qual é o som de uma única mão aplaudindo?" Mas o país todo pode meditar junto e examinar em profundidade problemas reais de pobreza, exclusão e desesperança.

Nunca tivemos realmente a oportunidade de escutar aqueles que sofrem em nosso país, de modo a realmente entender seu sofrimento. A prática de escutar atentamente pode proporcionar muito alívio mesmo antes que o governo tome medidas corretivas.

A mais bela exportação

O segundo resultado será que gente do mundo inteiro saberá que os Estados Unidos estão escutando o sofrimento de seu próprio povo. Isto pode inspirar muito respeito em outros países. Seria o mais belo produto que os Estados Unidos poderiam exportar.

Nosso país tem condições de escutar o sofrimento de seu povo e de corrigir a discriminação e a injustiça em seu território. Se você não puder escutar seu próprio povo, seus concidadãos, como poderá escutar e compreender o sofrimento de outros? Como pode entender o sofrimento no Afeganistão, no Iraque, em Israel ou na Palestina?

Em todo o mundo há gente sofrendo em grande parte pelos mesmos motivos: injustiça social, discriminação, medo e fanatismo. O fundamentalismo está muito ativo em países do mundo inteiro. Muitos acreditam que Deus está só de seu lado e comportam-se como se apenas eles fossem filhos de Deus e as vidas de outros não fossem preciosas. Eles querem que Deus abençoe seu país acima de tudo, mas que não abençoe outros aos quais vêem como representantes do mal. Mas pensar que tudo o que o outro grupo faz é mau e tudo o que nós fazemos é bom nos impede de compreender os valores dos outros e de reconhecer seu sofrimento e seu medo. Longe de fortalecer-nos, o fato de nos recusarmos a escutar deixa-nos vulneráveis e temerosos.

Deus não toma partido. Jesus, Buda, Alá, todas essas grandes figuras falam em compaixão e inclusão; por isso, não devemos acreditar que conseguiremos viver em paz eliminando o outro lado. Sessões de escuta profunda podem ajudar a sarar as feridas do fanatismo e seria maravilhoso que os Estados Unidos oferecessem isso como presente ao mundo.

Depois de darem o primeiro passo, acabando com a discriminação, a injustiça e a desigualdade dentro do país, os

Estados Unidos podem se voltar para aqueles em quem enxergam a fonte do terrorismo. Não creio que a CIA, o Pentágono e o Exército possam deter o terrorismo; será preciso que todos nós, examinando em profundidade a nossa condição humana, compreendamos o terrorismo e ajudemos a detê-lo. O terrorista é um ser humano que precisa de ajuda. Talvez você seja o terrorista, de alguma forma, pois você quer retaliação contra quem lhe fez mal.

O médico quer destruir a malária que está no doente, não destruir o paciente em si. Os terroristas são seres humanos que estão doentes por terem contraído o vírus do terrorismo. O vírus que você vê é feito de medo, ódio e violência. Você pode ser como um médico para as pessoas que têm essa doença. Sua medicina consiste em restabelecer a comunicação.

Porém, se o médico não consegue falar com o paciente, se este se recusa a cooperar, como pode o médico ajudar? Se o paciente rechaça a ajuda do médico, não confia nele e receia que esteja tentando matá-lo, certamente não vai cooperar. Mesmo estando motivado por um forte desejo de ajudar, o médico nada poderá fazer se o paciente não colaborar. Logo, a primeira coisa que um médico deve fazer é achar um modo de abrir a comunicação. Há esperança quando se consegue conversar com o paciente. Se o médico começar por reconhecer o sofrimento do paciente, a compreensão mútua se desenvolve e a colaboração pode começar.

Para resolvermos o nosso atual dilema em torno do terrorismo, nós devemos agir como esse médico. Uma vez que nossas lideranças tiverem inspirado confiança nos americanos e provado que, como país, nós somos capazes de escutar e compreender, poderemos voltar-nos para aqueles que são considerados terroristas. Nossas lideranças podem dirigir-se a eles falando amorosamente: "Sabemos que vocês devem ter sofrido e nos odiado profundamente para atacarnos. Vocês devem ter pensado que queremos destruí-los como fiéis de uma religião, como raça, como povo. Devem acreditar que nós representamos o mal, que não reconhecemos sua religião e seus valores espirituais. Sentimos muito que vocês sofram tanto. Queremos dizer-lhes que não temos intenção de destruí-los como povo, como raça nem como fiéis de uma religião. Não pretendemos rejeitar seus valores espirituais".

"Queremos respeitá-los. Por incompreensão da nossa parte, não temos conseguido demonstrar nosso respeito, nosso interesse por vocês, e ficamos prisioneiros da nossa própria situação de sofrimento. Por favor, digam-nos o que vocês têm no coração. Queremos compreender seu sofrimento. Queremos saber onde erramos para vocês nos odiarem tão intensamente."

"Nós não queremos viver com medo nem tampouco que vocês vivam com medo ou sofram. Queremos que vivam em paz, segurança e dignidade porque sabemos que ninguém terá paz se todos não tivermos. Criemos uma oportunidade de escuta e compreensão mútuas que possam ser o alicerce da verdadeira reconciliação e da paz."

O esforço por compreender os terroristas deve ser feito com o coração humano. Você pode ser um político, mas ser também um humanista ao mesmo tempo. Os políticos têm de ser muito sinceros ao falarem com as pessoas a quem atribuem a responsabilidade pelo seu sofrimento. Se os Estados Unidos forem sinceros, se concentrarem completamente seu coração e sua mente na prática, as pessoas lhes falarão sobre seu sofrimento e, assim, esse sofrimento diminuirá.

Se os Estados Unidos puderem fazer um exame profundo de si mesmos e revigorar sua grande tradição de liberdade e tolerância, estarão então em condições de ajudar outros países a constituírem fóruns similares e de convidar outros grupos e países a se expressarem também.

Se os Estados Unidos forem bem-sucedidos ao criar seu Conselho de Sábios, poderá ser constituído um conselho semelhante para funcionar como fórum para escutar as dificuldades e a situação real de grupos e nações considerados como bases de atividade terrorista. Seria preciso fornecer um âmbito seguro e pacífico no qual representantes de grupos e nações em conflito pudessem praticar a escuta profunda. Com a informação e a visão profunda que obteriam ao escutar o sofrimento de outros, tais grupos e nações poderiam compreender a situação com mais clareza e apresentar recomendações.

Esta prática deveria ser realizada como atividade não-política, supervisionada por lideranças humanitárias e espirituais reconhecidamente isentas de posturas discriminatórias e partidaristas. Não precisam ser pessoas famosas, pode-se convidar pessoas que saibam escutar em silêncio com toda a atenção para que compareçam e criem uma atmosfera de paz e livre do medo, onde aqueles que sofrem tenham a chance, a inspiração e o desejo de exprimir o que sentem do fundo do coração. Temos de ser pacientes. O processo de recíproca informação sobre o sofrimento do outro levará tempo porque o sofrimento é enorme.

Dever-se-ia convidar países de cada continente para patrocinarem e apoiarem esta prática. Esses países podem se reunir, não como inimigos que bombardeiam e destroem, mas como pessoas sensatas. Pessoas de distintas culturas e civilizações teriam a oportunidade de falar e escutar umas às outras como irmãos e irmãs que habitam o mesmo planeta.

As impressões resultantes desse processo poderiam servir como base para negociações de paz, reconciliação e cooperação mútua entre povos e nações em conflito. Pessoas de cada país poderiam participar em cada passo do processo, expondo suas impressões e seu apoio a uma solução pacífica, assim como líderes militares e políticos também poderiam participar desse processo, sobretudo como ouvintes.

A prioridade para falar caberia àqueles que ainda não estão representados no processo decisório, como mestres de escolas, líderes espirituais, médicos, pais, trabalhadores sindicalizados ou não, gente de negócios, artistas, escritores, crianças, assistentes sociais, mediadores experientes, psicólogos e enfermeiras.

Se um fórum internacional dessa natureza for transmitido para o mundo inteiro, bilhões de pessoas poderiam praticar a Primeira e a Segunda Verdades Nobres expressas pelo Buda – a percepção do sofrimento e a das causas do sofrimento. Compreender o sofrimento é fundamental para qualquer boa ação, quer seja política, social ou espiritual. Dois dos passos da Senda Óctupla do Buda para acabar com o sofrimento são a Ação Correta e a Compreensão Correta[2]. Se o Congresso não se empenha na Ação Correta é porque não tem Compreensão Correta do sofrimento em nosso país e no mundo. Compreender o sofrimento do próprio povo é a base de toda ação política benéfica. A educação será boa se estiver baseada na correta compreensão do sofrimento de adultos e crianças. A escuta profunda e a fala amorosa são maravilhosos meios para se adquirir a Compreensão Correta que depois pode embasar a ação.

A Compreensão Correta consiste em compreender o sofrimento e ver o que os governos poderiam fazer para que a justiça social, o respeito mútuo e a tolerância se tornem realidade. Se for preciso, devemos dedicar um, dois ou três anos à prática da escuta profunda. Já travamos guerras que se prolongaram por dez, vinte e até cem anos. Organizar uma ses-

---

2. O Buda descreveu a Nobre Senda Óctupla como a saída do sofrimento. Seus elementos são: Compreensão Correta, Pensamento Correto, Fala Correta, Ação Correta, Modo de Vida Correto, Esforço Correto, Atenção Plena Correta e Concentração Correta.

são de escuta profunda é a prática da paz. Um ou dois anos desse tipo de reconciliação não é muito tempo, mas pode dar ótimos resultados: uma verdadeira e profunda compreensão do sofrimento que está em nós e ao nosso redor.

Isto é budismo engajado. É o tipo de budismo que se pode praticar na arena política, social ou econômica; é a aplicação atualizada das Quatro Verdades Nobres e da Senda Óctupla visando ao fim do sofrimento. Não é uma teoria, é vida real. Na Aldeia das Ameixeiras, bem como em retiros do mundo inteiro, nós temos ajudado um grande número de famílias e casais a resolverem seus problemas usando esses métodos.

Uma conferência de paz como retiro

Todo verão, a Aldeia das Ameixeiras, uma comunidade de meditação localizada na França, acolhe um grupo de várias dezenas de palestinos e israelenses. No início de cada retiro, muitos dos participantes não conseguem conversar nem mesmo trocar olhares, porém, depois de duas semanas, eles convivem como irmãos, e isto se deve à prática da atenção juntos, comendo com atenção, caminhando juntos, escutando em profundidade uns aos outros e falando amorosamente.

Levando em consideração a experiência sumamente positiva de nossa ajuda para facilitar a reconciliação, tenho a esperança de que os países possam reunir-se para organizar algo similar à Aldeia das Ameixeiras em grande escala. O que hoje se chama de "conversações de paz" são reuniões nas quais as pessoas continuam a se confrontar com palavras de medo e raiva. Mas poderíamos organizar uma conferência de paz na forma de um verdadeiro retiro, patrocinado pelo maior número possível de países poderosos e organizações internacionais. O encontro realizar-se-ia numa atmosfera calma em que os participantes pudessem andar tranqüilamente e olhar-se uns aos outros com amabilidade. Isto contribuiria para que as pessoas se sentissem inclinadas a abrir seus corações.

Nossos políticos já fizeram grandes esforços no sentido de negociar acordos e tratados de paz valendo-se dos instrumentos da discussão e do debate; assim, se pudermos criar um âmbito onde utilizemos os instrumentos da atenção, em que as pessoas possam aprender a caminhar com consciência, a respirar, a praticar o relaxamento total e a acolher seu medo e suas emoções mais fortes, haverá uma oportunidade para a paz. Se você não sabe como lidar com seu medo, sua raiva e sua desesperança, se não sabe como se acalmar, como vai conseguir negociar a paz?

Acreditemos em nossa senda espiritual

Muitos se dizem discípulos do Buda, de Jesus Cristo ou Maomé, mas não escutam seus ensinamentos. Não se pode vencer o ódio com ódio, e a violência não pode vencer a violência. A Bíblia, o Alcorão, a Torá e as Sutras ensinam-nos isso, mas nem sempre acreditamos na nossa senda espiritual e achamos que nossos ensinamentos espirituais não são realistas porque confiamos demais no poder militar e financeiro. Achamos que o dinheiro e as armas podem tornar-nos fortes. No entanto, nosso país já perdeu muitas armas e montes de dinheiro e nós ainda não nos livramos do medo e da insegurança.

Só podemos nos proteger com compreensão e compaixão, e somente quando você e a outra pessoa recebem compreensão e compaixão, a segurança passa a ser uma realidade. Mesmo com apenas uma sessão internacional de escuta profunda, todos aprenderiam muito sobre o sofrimento atual no mundo. As soluções políticas e sociais adequadas só vão surgir quando se reconhecer e compreender o sofrimento, pois a cura não é possível sem compreensão. O Buda está aí a mostrar-nos o caminho.

Ao tomarem iniciativas como estas para organizar sessões de escuta nacionais e internacionais, os Estados Unidos mostrariam grande coragem e força espiritual e poderiam dar uma enorme contribuição para a paz e a segurança no mundo inteiro. Agindo no espírito de Thomas Jefferson, Abraham Lincoln e Martin Luther King Jr., este país pode fomentar a democracia e o respeito mútuo entre povos de diferentes origens e crenças. Com a maior compreensão alcançada, nós podemos ajudar a gerar paz e segurança para todos.

2

A compaixão é nossa melhor proteção

A revelação dos maus-tratos a prisioneiros de guerra no Iraque, no Afeganistão e na Baía de Guantánamo é uma oportunidade para examinarmos em profundidade a natureza da guerra. É uma oportunidade para nos conscientizarmos mais, pois esses abusos desvendam a verdade sobre o que realmente acontece em guerras e conflitos. Não é algo novo: os prisioneiros sofrem maus-tratos e tortura em todas as guerras.

Os soldados são treinados para matar o maior número de pessoas que puderem e o mais rápido possível; estão advertidos de que, se não matarem, serão mortos. Ensinam-lhes que matar é bom porque as pessoas que se tenta matar são perigosas para a sociedade; que os outros são demônios e que nosso país estaria melhor sem eles. A instrução que recebem os soldados leva-os a acreditar que *devem* matar os integrantes do outro grupo porque não são seres humanos; porém, se vissem seus "inimigos" como seres humanos exatamente iguais a eles, os soldados não se atreveriam a matá-los. Todos deveríamos estar cientes do tipo de treinamento que os soldados recebem, independentemente de concordarmos ou não com a luta. A situação é antes uma conseqüência do nosso modo de combater do que algo peculiar aos Estados Unidos. Durante a guerra do Vietnã, ambos os lados cometeram atrocidades.

Quando a tortura veio à tona, o presidente Bush respondeu dizendo que os Estados Unidos haviam enviado ao Iraque soldados jovens e devotados, e não torturadores. Essa declaração expôs uma incrível falta de compreensão da guerra, pois a tortura e os maus-tratos praticados por esses soldados eram resultado direto do treinamento a que haviam sido submetidos. O treinamento já faz com que eles percam sua humanidade. Os jovens que vão para o Iraque já chegam lá dominados pelo medo, dispostos a proteger-se a qualquer custo, pressionados pelos superiores a serem agressivos e estarem prontos para matar.

Quando um soldado se dedica ao ato de matar, ciente de que a seu lado há colegas morrendo todos os dias e de que ele próprio pode ser morto em qualquer momento, o medo, a raiva e a desesperança passam a dominá-lo. Nessas condições, ele pode se tornar extremamente cruel e descarregar seu ódio e sua raiva sobre os prisioneiros de guerra, submetendo-os a tortura e maus-tratos. A finalidade principal dessa violência não é extrair informação, mas exprimir o ódio e o medo. Os prisioneiros de guerra são as vítimas, mas os torturadores que os submetem a maus-tratos também o são; seus atos irão perturbá-los por muito tempo depois que a tortura terminar.

Ainda que os superiores não tenham dado aos soldados ordens expressas de maltratar ou torturar, nem por isso deixam de ser responsáveis pelo que aconteceu. Quando nos preparamos para a guerra e combatemos numa guerra, permitimos que nossa natureza humana morra.

Defender-nos sem violência

Há muitas outras maneiras de nos defendermos: mediante uma política externa diplomática, fazendo alianças com outros países, com assistência humanitária. Todos esses métodos são motivados pela sabedoria de "interser". Quando os usamos para resolver conflitos, o exército não tem muito a fazer. Pode servir às pessoas construindo pontes e estradas e mediando pequenos conflitos. Isto não é idealismo, já que os exércitos trabalhavam assim no passado. Com boa política externa, o exército não precisará combater.

Obviamente, quando um país é invadido, o exército deve resistir e defender o povo. Às vezes também é necessário que outros países ajudem um país que está sendo invadido, mas isso é bem diferente de atacar outros países por conveniência do interesse nacional. A única circunstância em que é realmente necessário e adequado que um exército recorra à violência é ao defender-se ou defender um aliado contra uma invasão direta. E mesmo neste caso, haverá muito sofrimento como conseqüência.

A ação militar pode ser compassiva, mas a compaixão deve ser verdadeira. Se ela for apenas uma fachada que mascara a raiva e o medo, será inútil. Eu me revolto ao ver que, tendo gerações anteriores cometido os mesmos erros, nós ainda não aprendemos com eles. Não aprendemos o suficiente com a guerra do Vietnã, onde tantas atrocidades foram cometidas e muita gente inocente foi torturada e morta por ser considerada "comunista" ou "anticomunista".

A atenção tem diversos níveis. Quando matamos porque achamos que a outra pessoa é má e que sua morte trará paz, nós não estamos praticando a Atenção Correta. Se formos atentivos, enxergaremos além da situação atual e veremos a origem e as conseqüências de nosso ato nesse momento. Se formos realmente atentivos, outras introspecções surgirão: "Esta pessoa que quero matar é um ser humano. Há alguma possibilidade de ela ter uma conduta melhor e mudar seu prejudicial estado de espírito atual? Talvez minha percepção esteja errada e depois eu veja que se trata apenas de uma vítima da incompreensão, e não de uma pessoa má como agora acho". A atenção pode ajudar um soldado a perceber que talvez esteja sendo usado apenas como instrumento de morte por seu governo.

Um general que está atento às suas ações pode examinar a situação em profundidade. Talvez não precise lançar mão das armas. Ele verá que há muitas maneiras de deter o adversário e esgotará todos os meios alternativos antes de recorrer à violência; se nada der certo, ele poderá usar de violência, mas por compaixão, não por raiva.

Preservemos a nossa humanidade

Alguns soldados conseguem ser compassivos e tratar prisioneiros e outras pessoas gentilmente apesar do treinamento militar. Afortunadamente, eles receberam uma herança espiritual de bondade e gentileza que se mantém incólume ao menos em parte, mesmo depois de passarem pelo treinamento. Esta herança é transmitida por pais, professores e pela comunidade. A humanidade desses soldados é preservada em certa medida, mesmo que eles tenham sofrido durante seu treinamento. Assim, eles ainda podem ficar chocados com os atos de tortura de seus colegas militares e talvez consigam praticar a Ação Correta e denunciar perante o mundo a tortura que se comete. Porém, muitos soldados não têm essa herança espiritual. Eles provêm de famílias que têm sofrido muito e já experimentaram situações de violência e opressão antes de entrarem para o exército. A maioria das pessoas pode perder sua humanidade por completo no processo de treinamento militar.

Apenas os *bodisatvas*, seres esclarecidos, podem matar de maneira compassiva. Em combate, a maioria de nós mata porque tem medo de ser morto. Por isso não somos capazes de matar por amor. Quando nosso cão ou cavalo de estimação sofre de uma doença terminal, somos capazes de matá-lo para que não sofra mais. O que nos motiva é o amor. Mas a maioria dos membros do nosso exército não responde a esse tipo de motivação. É melhor não matar de modo algum.

Matar pelo próprio país ou para defender seus concidadãos não é bom, mas é melhor do que invadir outros países em nome da democracia e da liberdade. A história mostra que os países que os Estados Unidos invadiram para "ajudar" não se tornaram mais livres e democráticos. O primeiro-ministro Tony Blair disse que o Reino Unido está comprometido com a democracia e a liberdade do Iraque. Com este tipo de justificação, nós poderíamos invadir muitos países simplesmente porque neles não se desfruta de democracia e liberdade suficientes, inclusive o nosso país.

A tortura jamais se justifica

Não há "boa causa" para a tortura. O torturador é a primeira vítima porque perde toda a sua humanidade e a si mesmo quando faz dano a outros. Se, em princípio, a causa é boa, ela se perde quando se tortura outro ser humano, pois nenhuma causa pode justificar esse tipo de violência.

Quando imaginamos situações em que a tortura poderia justificar-se, em geral tiramos conclusões demasiadamente rápidas e fáceis. Não é tão simples. Torturando alguém, nem sempre obteremos o resultado esperado. Se o prisioneiro não nos fornece a informação que buscamos é porque ele não quer que seu povo e seus colegas soldados sejam mortos. Ele retém a informação por compaixão, por fidelidade à sua causa; às vezes ele dá informação errada ou realmente não sabe de nada, e há quem prefira morrer a ceder à tortura.

Eu me oponho totalmente à tortura. Outras formas de pressão ou firmeza podem ser aceitáveis, mas não a tortura. Quando temos medo e raiva em nós é bem fácil inventarmos um pretexto para torturar um prisioneiro. Quando temos compaixão, sempre podemos achar outro meio. Quem tortura um ser vivo morre como ser humano, porque o sofrimento do outro é também o seu próprio sofrimento. Ao realizar uma cirurgia, você sabe que ela ajudará seu paciente e por isso pode cortar seu corpo. Mas quando você corta o corpo e a mente de alguém para arrancar-lhe informação, o que está cortando é sua própria vida e, portanto, você está se matando. Já não vale a pena você viver sua vida. Devemos analisar por que estamos em guerra e como acabamos envolvidos em coisas desse tipo. Ou seja, o problema é de longo prazo e não se reduz a analisar a situação da tortura no momento atual.

Temos de aprender a evitar que as situações cheguem a esse ponto. Todos os dias podemos fazer alguma coisa que ajude a gerar relações mais pacíficas e harmoniosas com outros países e povos. Por que esperarmos até a situação ficar tão ruim e depois alegar que temos de recorrer aos meios mais atrozes para dar-lhe um basta? Faríamos muito melhor se lidássemos com o conflito de maneira compassiva logo desde o início.

Em geral, tende-se a pensar em termos extremados de não-violência e violência, mas há muitos matizes intermediários. O modo como falamos, comemos ou caminhamos pode ser violento. Não somos dogmáticos nem idolatramos a idéia da não-violência, porque a não-violência absoluta é impossível. Mas sempre é possível sermos menos violentos, e, quando há compreensão e compaixão em nós, temos uma boa chance. Quando o medo e a raiva nos motivam, nós já somos vítimas. Nenhuma causa vale o bastante para justificar essa condição. As causas verdadeiramente boas são sempre motivadas pela compaixão.

Nosso carma coletivo

O ato de crueldade decorre de muitas condições coincidentes, e não de um agente individual isolado. Quando realizamos retiros para veteranos de guerra, eu lhes digo que eles são a chama na ponta da vela, isto é, eles é que sentem o calor, mas a vela toda está queimando, não apenas a chama. Todos somos responsáveis.

Mesmo as idéias sobre terrorismo e supostas armas de destruição em massa resultam já de uma mentalidade coletiva, de um modo generalizado de pensar e falar. A mídia falada e escrita contribuiu para a deflagração da guerra ao sustentar essas idéias. Pensamento, palavra e ação são carma coletivo.

Ninguém pode isentar-se da responsabilidade pela situação atual, mesmo que se oponha às ações de nosso país, pois nós continuamos a fazer parte da nossa comunidade, sendo cidadãos deste país. Talvez não tenhamos feito o bastante. Devemos aliar-nos a *bodisatvas*, grandes seres esclarecidos que estão perto de nós para transformar nossa maneira de pensar e a da nossa sociedade. Porque nossa atual situação se origina no pensamento errado, no pensamento desprovido de sabedoria ou compaixão. E nós podemos agir todos os dias, em todo momento da vida cotidiana, procurando nutrir as sementes de paz, compaixão e compreensão em nós e naqueles que nos circundam. Podemos viver de uma maneira que cure nosso carma coletivo e garanta que tais atrocidades não voltem a acontecer no futuro.

Não caiam na tentação de usar o exército para resolver conflitos. A única situação em que nós usamos o exército é quando se trata de defender nosso país de uma invasão e, mesmo nesse caso, não devemos depender exclusivamente da força militar, mas procurar outros meios para proteger-nos. No passado, muitos amavam os Estados Unidos no mundo inteiro porque eles representavam liberdade, democracia, paz e preocupação com outros países. Os Estados Unidos, porém, perderam essa imagem e devem reconstruí-la.

Antigamente, eu ia solicitar um visto na embaixada dos Estados Unidos e não me deparava com um aparato de segurança muito forte. Agora, no mundo inteiro, as embaixadas americanas ficam cercadas por segurança rigorosa e guardas com armamento pesado. O medo nos dominou e é a principal motivação de muitas das ações do governo dos Estados Unidos, porque não sabemos nos proteger com compaixão. Os estudantes de ciência política devem aprender isso na universidade, para que possam contribuir com real sabedoria na política. Compaixão não é ingenuidade nem estupidez, é algo que acompanha a inteligência. O mesmo vale para o amor: o verdadeiro amor nasce da compreensão.

Uma faca para matar ou para cortar legumes

Soldados de exércitos do mundo inteiro têm perguntado como podem conciliar seu desejo de ser atentivos e pacíficos com a sua atividade militar. Se, como soldado, você tem compreensão e compaixão em si mesmo, é possível que a força militar ajude a evitar ou conseguir alguma coisa. Mas nem por isso deve esquecer que existem outros tipos de força talvez até mais poderosos. Como não sabemos reconhecer e utilizar esses métodos, nunca falta uma razão para recorrermos à força militar. A força espiritual também é muito poderosa, e é bem mais seguro usar as forças espirituais, sociais e educacionais. Porém, como não fomos treinados para usá-las, só nos ocorre utilizar a força militar.

Suponha que há duas pessoas e ambas estão cheias de ira, incompreensão e ódio. Como elas podem conversar ou negociar para obter a paz? Eis o problema principal: não se consegue que pessoas se sentem em torno de uma mesa e discutam a paz se não há paz dentro delas. Primeiro é preciso ajudá-las a recuperar a calma e perceber claramente que nós e as outras pessoas estamos sofrendo. Devemos ter compaixão por nós, por elas e pelos seus filhos. Isto é possível. Já temos sofrido como seres humanos e, portanto, somos capazes de compreender o sofrimento alheio.

As dimensões espirituais e educacionais podem ser muito fortes e nós devemos usá-las como instrumentos, como ferramentas para a paz. Por exemplo: suponha que você mora num bairro ou aldeia onde palestinos e israelenses vivem em paz. Você não tem problema algum; compartilha do mesmo ambiente, faz suas compras nos mesmos lugares, pega o mesmo ônibus, desfruta da vida. Para você, as diferenças não são obstáculos, mas vantagens enriquecedoras. Você é israelense e ela é palestina, vocês se conhecem no mercado e sorriem uma para a outra. Que bom, que coisa maravilhosa! Vocês se ajudam uma à outra. Existem lugares assim, e cenas como essa deveriam ser vistas por outros palestinos e israelenses. O mesmo ocorre com iraquianos e americanos e com paquistaneses e indianos.

Se você é escritor, pode levar essa realidade ao conhecimento de muita gente fora de seu círculo. Se você é cineasta, por que não apresenta ao mundo essa imagem de coexistência pacífica? Mostre isso na televisão para provar que dois grupos que se confrontaram podem viver juntos em paz e com felicidade. Essa é a tarefa da educação. Há muita gente nos meios de comunicação de massa disposta a lhe ajudar a levar essa imagem e transmitir essa mensagem ao mundo. Isto é muito eficaz – mais eficaz que uma bomba, um foguete ou um fuzil – e faz as pessoas acreditarem que a paz é possível.

Se você tem suficiente energia de compreensão e paz no seu interior, este tipo de trabalho educativo pode ser muito eficaz e talvez você não precise pensar em exército e armas nunca mais. Se o exército conhecer esta prática, saberá agir de modo a não causar danos. O exército pode resgatar pessoas, pode garantir a paz e a ordem. É que nem uma faca: pode-se usar uma faca para matar ou para cortar legumes. Os soldados podem praticar a não-violência e a compreensão. Nós não os excluímos da nossa prática, da nossa *Sangha*. Nós não dizemos: "Sendo soldado, você não pode entrar em nossa sala de meditação". Na verdade, você precisa entrar na sala de meditação para saber como pode fazer melhor uso do exército, como estar melhor no exército. Portanto, não limite a questão a um âmbito tão restrito. Amplie o campo de ação, abrangendo a situação inteiramente, pois tudo está inter-relacionado.

Cada grão de compreensão, compaixão e paz da nossa parte é útil; é valioso como ouro. Podemos fazer muitas coisas para aumentar nossa capacidade nesses aspectos. Assim, quando damos um passo podemos desfrutar dele, e se esse passo pode proporcionar-nos mais estabilidade e liberdade, com isso estamos prestando um serviço ao mundo. É com esse tipo de paz e estabilidade que se pode contribuir. Quem não conta com as qualidades de estabilidade, paz e liberdade dentro de si não poderá ajudar o mundo, faça o que fizer. Não se trata de "fazer" alguma coisa, mas de "ser" alguma coisa – ser paz, ser esperança, ser sensatez –, pois toda ação decorrerá disso, uma vez que a paz, a estabilidade e a liberdade buscam um modo de expressar-se na ação.

Eis a dimensão espiritual da nossa realidade. Necessitamos que essa dimensão espiritual nos resgate para não considerarmos unicamente a força militar como meio para resolver o problema e erradicar o terrorismo. Como é possível erradicar o terrorismo com força militar? Os militares não sabem onde o terrorismo se encontra; eles não podem localizá-lo porque ele está nos corações. Quanto mais se usa a força militar, mais terroristas se cria, tanto no próprio país quanto em outros.

A questão básica é nossa prática de paz, de examinar em profundidade. Em primeiro lugar, necessitamos permitir-nos recuperar a calma, pois sem tranqüilidade, sem serenidade, nossas emoções, nossa ira e nosso desespero não cessarão e não conseguiremos observar e enxergar a índole da realidade. Acalmar-se e ficar sereno é o primeiro passo da meditação. O segundo é examinar em profundidade para compreender. Da compreensão vem a compaixão. E com base nesse alicerce de compreensão e compaixão você verá o que pode fazer e o que deve abster-se de fazer. Isso é meditação. Todos temos de praticar a meditação, quer sejamos políticos, militares ou empresários. Todos temos de praticar o ato de acalmar-nos e examinar em profundidade. Para isso, você tem o apoio de todos nós.

Conseqüências conscientes

É claro que é muito difícil alguém não sentir raiva quando estão matando sua esposa, seu marido ou seus filhos. É realmente muito difícil não sentir raiva. Essa pessoa age movida pela raiva e nós retaliamos também sob o efeito da raiva. Logo, não há grande diferença entre essa pessoa e nós. Este é o primeiro elemento.

O segundo elemento é o seguinte: por que temos de esperar que a situação se apresente como emergência antes de agirmos, lidando apenas com a circunstância imediata? Sem dúvida, é preciso agir rapidamente em circunstâncias de emergência. Mas, e se não estivermos numa situação de emergência? Podemos esperar que uma situação de emergência se apresente ou podemos fazer alguma coisa para evitar que isso aconteça. Em geral, tendemos a não fazer nada até o pior acontecer. Embora tenhamos tempo disponível, não sabemos usá-lo para praticar a paz e evitar a guerra. Simplesmente nos entregamos à negligência e aos prazeres sensoriais. Não tomamos as medidas que podem impedir o surgimento de tais situações de emergência.

O terceiro elemento é que, quando coisas como essas acontecem, é porque há uma causa arraigada, não só no presente como também no passado. Uma coisa decorre da outra; nada ocorre sem uma causa. Você me mata, eu faço o mesmo com você. Mas o fato de você me matar e eu matá-lo tem raízes no passado e terá efeitos no futuro. Nossos filhos dirão: "Você matou meu avô, agora eu devo matá-lo". Isso pode prosseguir durante muito tempo. Quando você sente raiva, quando tem muito ódio pela pessoa que lhe fez sofrer, e quando está disposto a se valer de qualquer meio para destruir essa pessoa, você está agindo exatamente como ela. E a raiva não é a única causa. Há também mal-entendidos, há erros de percepção de uma pessoa sobre a outra e há quem nos instigue a matar o adversário porque de outra maneira não estaremos a salvo. Há muitas causas.

Talvez nossos pais e avós não tenham sido muito atentivos e tenham dito e feito coisas que espalharam sementes de guerra. E os avós deles também disseram e fizeram coisas, plantando sementes de guerra. Agora, nossa geração tem uma escolha. Queremos agir melhor ou queremos repetir exatamente o que eles fizeram? Esse é o legado que deixaremos para nossos filhos e netos.

Por certo, em situações de grave emergência é preciso fazer o possível para evitar que alguém seja morto. Mas mesmo isso pode ser feito de modo a causar um menor dano. Se você tiver um pouco de compaixão e compreensão, o seu modo de agir pode ser bem diferente. Aplique a dimensão do coração humano nisso; ajude os estrategistas militares a terem um coração humano. É o mínimo que podemos fazer. Será que nós instruímos os militares para realizarem operações bélicas com coração humano? É isso uma realidade no exército e nas escolas militares? Ensinam-nos a matar a maior quantidade de pessoas possível no menor tempo que pudermos, mas não nos ensinam a matar com compaixão.

Parece que, em uma de suas vidas pregressas, o Buda viajava como passageiro num navio que foi atacado por piratas e matou um deles ao tentar proteger as pessoas que viajavam com ele. Mas isso ocorreu em uma vida anterior do Buda, antes de ele se tornar um ser esclarecido. Se o verdadeiro Buda estivesse lá, talvez tivesse lançado mão de outros meios; talvez possuísse sabedoria suficiente para achar uma maneira melhor de agir, de modo que a vida do pirata pudesse ser poupada. Isto porque o Buda progrediu de uma vida para outra. Você é a vida futura de seu avô; você deve ter aprendido alguma coisa no curso das três gerações passadas. Se você não tem mais compaixão e compreensão que seu avô, é porque não lhe deu continuidade corretamente. Com compaixão e compreensão podemos sair-nos melhor, causar menor dano e gerar mais paz.

Não podemos esperar a paz absoluta de imediato, pois nosso grau de compreensão e amor ainda não é suficientemente profundo. Mas em toda situação, quer urgente, quer não, os elementos de compreensão e compaixão têm um papel a desempenhar. Quando um bandido está tentando atacar e matar, é claro que é preciso prendê-lo para que não cause mais dano. Mas você pode prendê-lo raivosamente, com muito ódio, ou prendê-lo com compaixão e pensando que nós deveríamos fazer alguma coisa para ajudá-lo. Nesse caso, a prisão passa a ser um lugar onde existe amor e ajuda. Devemos ensinar os guardas penitenciários a lidar com os presos de maneira compassiva. Ensinemo-los a tratar os presos com ternura para que eles sofram menos na prisão, e assim nós possamos ajudá-los melhor. Nós os ensinamos a olhar para os presos com compaixão? Pode ser que um detento tenha matado ou causado destruição. Talvez ele tenha sido criado de tal modo, que matar e destruir parece-lhe normal, sendo portanto uma vítima da sociedade, de sua família e da educação que recebeu. Se, como guarda penitenciário, você lida com ele e o vê dessa forma, terá compaixão e compreensão e tratará o preso com mais gentileza. Ao ajudar essa pessoa a se tornar alguém melhor, você se ajuda a ser feliz.

Não devemos concentrar-nos exclusivamente no curto prazo. Mais uma vez, temos de olhar com os olhos do Buda. Devemos aprender a examinar as coisas de maneira abrangente e não nos concentrarmos apenas no imediatismo do problema. É a isso que nossas vidas se destinam, e também as vidas de nossos filhos. Somos uns a continuação dos outros. Construímos sinagogas, igrejas e mesquitas para ter um lugar onde sentar e fazer isso – examinar em profundidade, de modo que nossos atos não sejam motivados exclusivamente por desejo, cobiça ou ira. Podemos permanecer demoradamente na mesquita, na igreja ou na sinagoga e, nesse tempo, nossa compaixão e nossa compreensão aumentarão. E depois saberemos como agir melhor no mundo em prol da paz.

Sendo soldado, você pode ser compassivo. Você pode ser amoroso e sua arma pode ser útil. Às vezes, talvez você não precise usar sua arma. É como aquela faca que se usa para cortar legumes. Você pode ser um *bodsatva* tanto como soldado quanto como chefe do exército. A questão é se você tem compreensão e compaixão no coração. Eis a questão.

3

Alimentar a paz

O Buda falou sobre a senda da emancipação em termos de consumo. No *Discurso sobre a Carne do Filho* o Buda ensinou que nós consumimos quatro tipos de nutrimentos. Se sempre estivermos cientes do que consumimos e compreendermos a sua natureza, poderemos transformar o sofrimento dentro de nós e à nossa volta. Consumir conscientemente é essencial para pôr fim ao terrorismo.

O primeiro nutrimento: alimento comestível

O primeiro tipo de nutrimento a que o Buda se referiu é o alimento que nós comemos. Ele aconselhou-nos a comer de maneira atentiva para que possamos preservar a compaixão e a compreensão em nosso coração. Os alimentos que comemos podem introduzir no organismo venenos capazes de destruir nossa compaixão. Eles podem causar sofrimento nos corpos, nas mentes e no mundo. Portanto, temos de saber o que estamos comendo e se o alimento que ingerimos está nos destruindo e destruindo nosso planeta.

Para exemplificar, o Buda contava a história de um casal jovem e seu filho de três anos de idade, que tinham de atravessar um vasto deserto a fim de emigrar para outro país. No meio da travessia do deserto, eles ficaram sem comida e deram-se conta de que morreriam se não achassem alimento. Desesperado, o casal resolveu matar seu filhinho e comer sua carne. Eles comiam pedacinhos e preservavam o resto carregando-o nos ombros e deixando-o secar ao sol. Cada vez que comiam um pedaço da carne de seu filho eles bradavam em desespero: "Onde é que nosso amado filho está agora?" Eles batiam no próprio peito e arrancavam-se os cabelos. Sofriam enormemente. Por fim, eles conseguiram cruzar o deserto e entraram no outro território, mas não deixaram de sofrer nem de prantear o menino.

Depois de contar a história, o Buda perguntou a seus monges: "Caros amigos, vós achais que o casal deleitou-se comendo a carne de seu filho?" Os monges responderam: "Não, como poderia alguém se deleitar comendo a carne do próprio filho?" Então, o Buda disse: "Se não consumimos atentamente, estamos comendo a carne de um filho ou de uma filha".

A maioria de nós recebeu ao nascer um corpo sadio, mas se consumimos inconscientemente e comemos alimentos que nos causam doenças físicas e mentais, estamos destruindo o corpo que nos foi dado. Somos ingratos com nossos ancestrais. Muitas gerações legaram-nos o corpo que temos e não nos assiste o direito de destruí-lo pelo modo como comemos e bebemos.

Se usamos drogas, bebemos álcool ou fumamos cigarros, estamos consumindo venenos que destroem nosso corpo e nossa mente. Estamos comendo a carne de nosso pai, de nossa mãe e de nossos ancestrais. Também estamos comendo a carne de nossos filhos e dos filhos de nossos filhos, porque este corpo que estamos destruindo é o que passaremos para nossos filhos e as seguintes gerações. As pessoas tendem a achar que o corpo é delas, que podem fazer o que bem quiserem, pois afinal a vida é delas. Ocorre que o corpo não pertence apenas a nós: ele pertence a nossos ancestrais, a nossa família e também a nossos filhos. Seu corpo é a continuação de seus ancestrais. Você tem que cuidar dele muito bem para poder transmitir o melhor de si para seus filhos, seus netos, seu parceiro e sua comunidade.

Ao comer carne e beber álcool, nós comemos a carne de nossos filhos. Mesmo a produção de álcool gera sofrimento, pois ela consome cereais que poderiam ser usados para alimentar gente faminta no mundo inteiro. Para se fazer um copo de saquê é preciso consumir uma cesta de arroz que poderia saciar a fome de muitas crianças[3]. Oito por cento do milho e noventa e cinco por cento da aveia colhidos nos Estados Unidos destinam-se a alimentar animais criados por seres humanos para sua alimentação. A farinha de aveia que nós comemos no café da manhã é apenas cinco por cento do total produzido nos Estados Unidos. No mundo inteiro, o gado consome uma quantidade de alimento equivalente às

---

3. As estatísticas mencionadas neste parágrafo foram extraídas do Livro Verde do Emory College, 2003, http://students.edu.ecoseac/greenbook/eating.htm.

necessidades calóricas de 8,7 bilhões de pessoas, mais do que a população humana total da Terra.

Muita gente está morrendo de fome no mundo. O Fundo das Nações Unidas para a Infância (Unicef) informa que todos os dias morrem 40.000 crianças de subnutrição. Enquanto isso, muita gente come demais no Ocidente. Cinqüenta e cinco por cento dos norte-americanos têm excesso de peso. A obesidade é um problema de saúde nacional cada dia mais grave. Ao comermos demais, nós destruímos nosso corpo e também o corpo de nossos ancestrais e nossos descendentes. Um economista francês disse-me certa vez que se os países ocidentais desenvolvidos reduzissem pela metade seu consumo de carne e álcool, nós resolveríamos o problema da fome no mundo.

Quanto ao impacto ambiental da produção de carne nos Estados Unidos, o Emory College diz o seguinte:

• Terra: do total de terra agricultável nos EUA, 87% são utilizados para a criação de animais para consumo. Isso equivale a 45% do território do país.

• Água: mais da metade do consumo total de água nos EUA destina-se à criação de animais para alimentação. A produção de um quilo de carne demanda 18.000 litros de água. Para se produzir um quilo de trigo são precisos 180 litros de água. Isto é, cem vezes menos. Uma dieta totalmente vegetariana consome 1.000 litros de água por dia, ao passo que uma dieta à base de carne requer de 14.500 litros por dia.

• Poluição: a criação de animais para consumo humano causa mais poluição da água nos Estados Unidos do que qualquer outra atividade industrial. Os animais criados para esse fim produzem uma quantidade de excremento 130 vezes maior que toda a população humana, algo como 40.000 quilos por segundo. Grande parte dos detritos de granjas industriais e matadouros é vazada em córregos e rios, contaminando fontes hídricas.

• Desmatamento: cada vegetariano poupa quase meio hectare de árvores por ano. Mais de 100 milhões de hectares de florestas já foram desmatados nos Estados Unidos para dar lugar a pastagens que alimentam gado de corte. A cada vinte segundos desaparece um hectare de árvores. As florestas tropicais estão sendo destruídas para abrir pastagens para gado. Para produzir apenas um hambúrguer podem ter sido desmatados quase cinco metros quadrados de floresta tropical.

As florestas são nossos pulmões. Elas nos fornecem oxigênio e protegem nosso meio ambiente. Quando comemos carne, estamos destruindo as florestas e, portanto, estamos comendo a carne da nossa Terra Mãe. Todos nós, inclusive as crianças, podemos perceber o sofrimento dos animais criados para produzir alimento. Podemos optar por comer conscientemente e proteger a felicidade e a vida das espécies que nos acompanham e da própria Terra Mãe.

Nosso modo de comer pode até provocar guerras. O volume de recursos que utilizamos para produzir carne é enorme. Os Estados Unidos têm apenas seis por cento da população total do mundo, mas consomem sessenta por cento do total de recursos usados na Terra. No Ocidente, nós vivemos com muito luxo e comemos bem mais do que precisamos, enquanto outros estão morrendo de fome. Isto é uma grande injustiça, um crime contra toda a raça humana e também contra os animais, as plantas, os minerais e a atmosfera. Esta desigualdade gera ódio e raiva no mundo. Quando a raiva e o ódio são reprimidos, eles explodem em forma de violência.

Nós temos possibilidade de parar com a matança de animais e achar maneiras menos violentas de produzir nosso alimento. A comida pode ser deliciosa sem o uso de carne de animal. Quando comemos conscientemente, nós nos mantemos cientes da nossa interdependência com outros seres e esta percepção ajuda-nos a preservar a compaixão no coração. Quando comemos com compaixão, a felicidade pode surgir.

Um modo de nutrirmos a compaixão é discutir em família como podemos comer e beber de forma mais consciente. Outro modo é, como sociedade, analisarmos juntos como produzimos e consumimos alimentos.

O segundo nutrimento: alimento sensorial

O segundo tipo de alimento a que o Buda se referiu são as impressões sensoriais. Nós comemos com os órgãos de nossos seis sentidos: olhos, ouvidos, nariz, língua, corpo e mente. Um programa de televisão é alimento; uma conversa é alimento; música é alimento; arte é alimento; placas e cartazes são alimentos. Quando dirige pela cidade, você consome essas coisas e é impregnado por elas sem perceber ou consentir. O que você vê, toca e ouve é alimento.

Estes objetos de consumo podem ser sumamente tóxicos. Há boa música e há bons artigos de revistas e programas de televisão que nutrem a compreensão e a compaixão em nós. Devemos desfrutar disso. Mas muitos tipos de música, programas de televisão e revistas contêm ânsia, desesperança e violência. Os comerciais de televisão a que você é forçado a assistir são o alimento de impressões sensoriais. Seu único propósito é fazer você almejar o produto que eles querem vender e incitar esse desejo. Nós consumimos esses venenos e permitimos que nossos filhos também os consumam, fazendo com que o medo e o ódio cresçam em nós dia após dia. Não se trata de consumir mais ou menos, mas de consumo certo, consumo atentivo.

Para exemplificar a importância do consumo atentivo de impressões sensoriais, o Buda recorria à imagem de uma vaca com doença no couro. Essa vaca estava tão doente que havia perdido praticamente todo o seu couro e era vulnerável onde quer que estivesse. Quando ela se aproximava de uma árvore ou de um velho muro, ou quando entrava na água, criaturas pequeninas vinham e sugavam seu sangue. A vaca não tinha como se proteger. Se não sabemos consumir conscientemente, nós estamos como uma vaca sem couro, pois as toxinas da violência, da desesperança e da ânsia penetram diretamente no mais profundo do nosso ser.

Segundo a Associação Psicológica Americana, as crianças americanas assistem em média a 100.000 atos de violência e 8.000 assassinatos pela televisão ao longo da vida. Isto é demais. Quando os pais estão tão ocupados que não têm tempo para seus filhos, a televisão passa a ser uma perigosa babá. Desde muito cedo, as crianças começam a consumir sons e imagens de alta toxicidade. Elas tornam-se vítimas da violência e do medo.

Muitas pessoas alegam que, mesmo tendo assistido a filmes de faroeste quando eram novas, não se tornaram adultos violentos. Só que os filmes de faroeste do passado não são como os filmes de hoje em dia. O cinema de uma geração atrás tinha de fato alguma violência, mas muito menos que o atual, e além disso passava um certo senso de moralidade; se alguém cometia um assassinato, ia parar na cadeia. Pelo menos a pessoa que cometia atos violentos não conseguia escapar impune. Os filmes de hoje mostram freqüentemente violência sem conseqüência nem responsabilidade. Em muitos jogos eletrônicos, pessoas são mortas a tiros e depois ressuscitam como novos alvos. Se as crianças brincam com esse tipo de jogo diariamente, não é difícil entender por que elas acabam levando uma arma para a escola e atirando nos colegas e professores. Esses jogos são extremamente perigosos. As crianças não têm a capacidade de distinguir o jogo da realidade. Ao consumirem esse tipo de alimento sensorial todos os dias na televisão e nos videogames, elas estão alimentando incessantemente a violência em sua consciência.

Dia após dia, os Estados Unidos estão ficando mais cheios de raiva. Estamos consumindo cada vez mais o tipo de alimento sensorial que introduz violência e ódio no organismo e na mente. A energia da violência nas pessoas é nutrida no dia-a-dia. A violência que carregamos acaba por dominarnos e exige uma via de escape.

Podemos escolher um alimento sensorial que nos cure e nutra ou outro que nos envenene. Certos tipos de livros e artigos jornalísticos nos deixam muito felizes e contentes depois de tê-los lido. O mesmo acontece às vezes com a música ou as conversas; enquanto escutamos, sentimo-nos inspirados e felizes. Nós podemos optar por consumir coisas que trazem contentamento, paz e alegria para o corpo e a mente.

Uma simples conversa com outra pessoa pode fazer com que exprimamos desesperança ou pode transmitir-nos esperança e confiança. Às vezes, depois de ouvir alguém falar, sentimo-nos muito deprimidos. As conversas podem conter toxinas, portanto temos de falar e escutar com atenção. A solidão pode levar você a falar com qualquer um só para não ficar sozinho. Mas se essa pessoa estiver falando de modo muito negativo, esse tipo de conversa pode ser mortal para você. Converse apenas com pessoas que nutram o amor e a compreensão em você, a menos que esteja falando com alguém com o exclusivo propósito de ajudá-lo a transformar sua realidade de sofrimento e violência.

O Buda dizia que atenção é a capacidade de voltar ao que está se passando no momento presente. Nós podemos perceber o que estamos consumindo. Produzimos e consumimos de uma maneira que está nos destruindo e também destrói nossos jovens e a nação toda. Cada de um de nós pode praticar a atenção com o intuito de mudar essa situação. Como pais, professores, cineastas e jornalistas, nós temos de observar se estamos contribuindo para o crescimento da violência com nosso modo habitual de viver. Todos devemos compartilhar nossas introspecções, pois só o despertar coletivo pode ajudar-nos a mudar este rumo e evitar a destruição.

Nosso Congresso – e a nação como um todo – pode voltar-se para o exame profundo da natureza daquilo que consumimos todos os dias. Nós elegemos membros do Congresso e podemos pedir-lhes que façam leis para proibir a produção de tóxicos. Podemos falar com nossas famílias e comunidades e promover um compromisso pelo consumo atentivo e inteligente tanto de alimentos comestíveis quanto de produtos culturais. Consumir com atenção é o único jeito de nos protegermos e proteger a nossa sociedade da violência que está nos dominando. Quando consumimos conscientemente, recebemos nutrição e cura no dia-a-dia, o que nos permite acolher e transformar a dor e a violência dentro de nós. Depois saberemos o que fazer para que a Terra seja um lugar seguro para nós, nossos filhos e netos. Esta é a verdadeira prática de paz.

O terceiro nutrimento: nosso desejo mais profundo

O terceiro tipo de alimento é a volição, nosso desejo mais profundo. Temos de perguntar-nos: "Qual é meu desejo mais profundo na vida?" Nosso desejo pode levar-nos rumo à felicidade ou rumo ao sofrimento. O desejo é um tipo de alimento que nos nutre e nos fornece energia. Se você tiver um desejo salutar, como a vontade de proteger a vida e o meio ambiente ou a de viver uma vida singela com tempo para cuidar de si mesmo e de seus entes queridos, ele lhe mostrará o caminho para a felicidade. Se você persegue o poder, a riqueza, o sexo e a fama, achando que tudo isso lhe trará felicidade, na verdade está consumindo um alimento muito perigoso e que lhe trará muito sofrimento. Basta você olhar ao seu redor para ver que isto é verdade.

Em 1999, num retiro para executivos, muitos deles reconheceram que gente com grande riqueza e muito poder também sofre imensamente. Um empresário riquíssimo falou-nos de seu sofrimento e sua solidão. É o dono de uma grande empresa com mais de 300.000 empregados trabalhando no mundo inteiro, inclusive no Vietnã. Ele contou que pessoas muito ricas são com freqüência extremamente solitárias porque desconfiam dos demais. Elas acham que todos os que se aproximam delas declarando amizade estão apenas atrás de seu dinheiro e só buscam tirar vantagem. Essas pessoas sentem que não têm verdadeiros amigos. Os filhos de gente rica também sofrem profundamente; é comum seus pais não terem tempo para eles por estar muito preocupados em manter a riqueza.

Anos atrás, num retiro que realizamos em San Diego, na Califórnia, dois artistas famosos compareceram. Eram Peter, vocalista da banda Peter, Paul and Mary, e Julie Christie, atriz de cinema. Ambos disseram-nos que a fama não os fazia felizes. A felicidade deles decorria de serem capazes de retornar para o próprio coração e a própria mente e realmente exercitarem essa prática. Odette Lara, a estrela do cinema brasileiro, participou de um retiro na Califórnia no início da década de 80 e, mais tarde, escreveu-me uma carta. "Caro Thây. Eu pensava que minha árvore já estava morta porque durante muito tempo não tive desejo algum no meu coração. Esta manhã, porém, ao acordar, eu senti de repente um novo desejo, um novo rebento brotando da árvore que eu supunha sem vida."

O Buda tinha um desejo muito profundo, mas não era de dinheiro, fama, poder nem sexo. Siddhartha, que se tornou o Buda, tivera o bastante disso quando era príncipe. Seu desejo era o de transformar todo o seu sofrimento, ser feliz e ajudar outros a sofrerem menos. Ele não queria seguir os passos de seu pai e virar rei ou político. Depois de 2.600 anos, o Buda ainda nos ajuda. Ao tornar-se monge, Siddhartha passou a viver de maneira muito simples: ele tinha apenas três túnicas e uma tigela e ia andando para todos os lugares. Assim viveu por quarenta anos. Trouxe felicidade para si e para inúmeras pessoas sem desejar riqueza, sexo, poder nem fama.

Para ilustrar o terceiro tipo de alimento, o Buda deu o exemplo de um jovem que tinha muita vontade de viver, mas se deparou com dois homens fortes que queriam matá-lo. Eles o arrastaram até a borda de um poço com carvão em brasas e, apesar de ele ter lutado e resistido, finalmente conseguiram vencê-lo e o jogaram no poço. O Buda disse que nosso desejo é como aqueles dois homens fortes. Nossos desejos podem arrastar-nos para um poço de carvão em brasa ou podem conduzir-nos à felicidade, à saúde e à paz. Se permitir que o desejo de riqueza, sexo, poder, fama ou vingança lhe domine, você será arrastado por aqueles dois brutamontes para o poço cheio de brasas. Pergunte-se para onde seu desejo está lhe conduzindo. De que natureza é esse desejo? É de ter uma casa maior, melhor emprego, um diploma, fama, posição elevada na sociedade, ou é algo mais profundo? Não deixe que seu desejo seja pequeno. Ele deve ser muito grande. Se seu desejo não for grande, você será desviado por muitos desejos menores.

Tome alguns minutos para anotar seu desejo mais profundo. Quer viver como pessoa livre sem preocupações ou ânsias? O desejo de ser uma pessoa livre é muito valioso. Ser livre significa deixar de ser vítima do medo, da ira, da ânsia ou da suspeita. É isso o que você quer? Talvez você queira, mas não o bastante. Você tem outros desejos que se interpõem, por exemplo querer uma casa maior, um carro mais possante ou comida mais gostosa. Esses pequenos desejos o distraem de seu desejo mais nobre. Se o desejo de liberdade de Siddartha não fosse vigoroso, ele não teria conseguido vencer os desejos sensuais. Se quiser realizar seu desejo profundo, você tem de desejá-lo realmente.

Pode ser que você deseje melhor comunicação com seu parceiro. Talvez você tenha dificuldades com essa pessoa e já não consiga olhar nos olhos dela. Talvez você deseje um relacionamento mais próximo com seus filhos. Quando você e sua família são felizes, você tem condições de ajudar outras pessoas e também seu país. Muito queremos ajudar nosso país e a raça humana como um todo. No entanto, distraímo-nos com facilidade porque nosso ambiente não nutre suficientemente esse desejo. Tornar-se monge é, de certa forma, como participar de uma revolução: é preciso estar disposto a desistir de tudo porque se deseja profundamente a libertação.

Cultivando a compaixão

Há quem passe a vida inteira tentando vingar-se. Este tipo de desejo ou volição resulta em grande sofrimento não só para outros como para a própria pessoa que o nutre. O ódio é um fogo que arde em toda alma e só pode ser mitigado pela compaixão. Mas onde encontramos compaixão? Ela não está à venda no supermercado. Se estivesse, bastaria levá-la para casa para se acabar com o ódio e a violência no mundo com muita facilidade. Mas só com nossa prática podemos produzir compaixão no próprio coração.

Neste momento, os Estados Unidos estão sendo consumidos pelo medo, o sofrimento e o ódio. Nem que seja para aliviarmos nosso sofrimento, temos de nos voltar para nós mesmos e tentar compreender por que estamos presos em tamanha teia de violência. O que faz com que os terroristas odeiem tanto que estão dispostos a sacrificar suas vidas e causar enorme sofrimento a outrem? Nós vemos que eles odeiam intensamente, mas o que subjaz a esse ódio? É claro que temos de achar uma maneira de parar a violência deles, e talvez até precisemos manter gente na prisão enquanto seu ódio se consome. Mas o importante é fazermos um exame profundo e perguntar-nos qual a responsabilidade que nos cabe pela injustiça no mundo.

Às vezes alguém a quem amamos – um filho, cônjuge ou pai – diz ou faz alguma coisa cruel e com isso nós sofremos e ficamos com raiva. Pensamos que apenas nós sofremos. Mas essa outra pessoa também está sofrendo. Se não estivesse sofrendo, não teria falado ou agido por raiva. A pessoa que amamos não sabe como se livrar do sofrimento. É por isso que ela despeja todo seu ódio e sua violência sobre nós. Nossa responsabilidade é gerar a energia de compaixão que acalma o coração e nos permite ajudar a outra pessoa. Se a punirmos, ela simplesmente sofrerá ainda mais.

Responder à violência com violência só pode resultar em mais violência, mais injustiça e mais sofrimento, não só para os outros como para nós. Há sabedoria em todos e em cada um de nós. Quando respiramos fundo, podemos alcançar essa semente de sabedoria dentro de nós. Sei que se a energia da sabedoria e da compaixão no povo americano fosse nutrida durante uma semana, isso bastaria para reduzir o nível de raiva e ódio no país. Recomendo que todos pratiquemos a calma e a concentração mental, regando as sementes de sabedoria e compaixão que já temos em nós e aprendendo a arte do consumo atentivo. Se conseguirmos fazer isso, faremos uma verdadeira revolução pacífica, o único tipo de revolução que pode ajudar-nos a sair desta situação tão difícil.

Talvez algumas pessoas achem misteriosa a vida dos monges. Mas tudo o que fazemos no mosteiro é exercitar-nos em produzir compaixão e contemplar todas as espécies com olhar compassivo e amoroso. Para isto nós devemos ser muito cuidadosos quanto ao que consumimos. Quer estejamos comendo uma tigela de arroz, desfrutando de um campo florido ou nutrindo nosso desejo mais profundo, nós o fazemos tão atentamente quanto possível, cientes de cada respiração.

O quarto nutrimento: consciência

O quarto tipo de alimento é a consciência. Os budistas dizemos que a consciência tem dois níveis. O nível inferior é chamado de consciência armazenadora e o superior é a consciência da mente. Quando pensamos, calculamos ou sonhamos, nós estamos funcionando no nível da consciência da mente. Ela é como uma sala de estar. Embaixo dela há um grande porão, que é a consciência armazenadora. É lá que nós botamos tudo o que não nos agrada. A consciência armazenadora armazena tudo na forma de sementes. E, assim como na terra, se a gente rega essas sementes, elas germinam.

Há cinqüenta e um tipos de sementes, tanto benéficas quanto nocivas, vivendo na consciência armazenadora. São benéficas as sementes de amor, perdão, generosidade, felicidade, alegria. Entre as sementes nocivas podemos mencionar as de ódio, discriminação e ânsia. Segundo a psicologia budista, estas sementes se denominam formações mentais quando se manifestam. Por exemplo, a ira é uma formação mental. Quando ela não se manifesta, nós não sentimos raiva. Mas isto não significa que a semente da ira não esteja em nós. Todos temos a semente da ira depositada em nosso porão, nossa consciência armazenadora. Podemos brincar e divertir-nos e não sentir raiva alguma, mas se alguém vier e regar a semente da ira em nossa consciência armazenadora, ela começará a germinar e brotará em nossa sala de estar. Era apenas uma semente, mas, assim que foi regada, ela surgiu e se tornou a formação mental de ira, privando-nos da nossa felicidade.

O Buda utilizava a seguinte imagem para ilustrar o quarto tipo de nutrimento. Um criminoso foi detido. O rei ordenou que ele fosse esfaqueado com cem punhais. O criminoso não morreu. Repetiram a mesma punição ao meio-dia e à tarde, mas o homem ainda não morreu. Tornaram a aplicar-lhe a mesma punição no dia seguinte e no outro. Da mesma forma, nós permitimos que as formações mentais negativas nos apunhalem centenas de vezes por dia. Quando alguma semente se manifesta em nossa consciência mental, nós a absorvemos e é isto que se chama de alimento da consciência, o quarto nutrimento. Se permitirmos que a ira surja em nossa consciência da mente e permaneça por uma hora, durante toda essa hora estaremos comendo ira. Quanto mais comemos ira, mais a semente da ira cresce. Se a semente da bondade amorosa surgir em sua consciência da mente, e se você puder mantê-la ali por uma hora, durante todo esse tempo você estará consumindo bondade amorosa.

Rega seletiva

Podemos ajudar-nos mutuamente a regar as sementes benéficas em nossa consciência armazenadora. Podemos dizer às pessoas próximas: "Tomemos o cuidado de não regar as sementes nocivas uns nos outros. Reguemos somente as sementes benéficas e assim disporemos de alimento nutritivo para nossa consciência." Quando regamos sementes de perdão, aceitação e felicidade na pessoa amada, nós estamos dando-lhe alimento muito sadio para sua consciência, como se estivéssemos cozinhando uma comida deliciosa e salutar.

Mas se regamos constantemente as sementes de ódio, ânsia e ira na pessoa amada, o que estamos fazendo é envenená-la.

Poderíamos reunir nossa família e até redigir um acordo que todos assinariam, comprometendo-nos a regar as sementes benéficas uns nos outros. Se pudermos agir desse modo, nossos filhos também poderão. Um acordo desse tipo pode ser o alicerce da nossa felicidade. Se você se nutre com os quatro nutrimentos, consumindo uma dieta sadia de sensações, desejos e formações mentais, você e seus entes queridos terão benefícios concretos. Assim, em lugar de consistir apenas em ensinamentos abstratos, o budismo passa a ser algo que muda a vida cotidiana.

Disse o Buda que "nada pode sobreviver sem alimento". Eis uma verdade simples e muito profunda. O amor e o ódio são coisas vivas. Se você não nutrir seu amor, ele morrerá. Se você cortar a fonte de nutrimento de sua violência, ela morrerá. Se você quiser que seu amor perdure, terá de alimentá-lo todos os dias. O amor não pode viver sem alimento. Se você descurar de seu amor, ele morrerá depois de algum tempo e talvez o ódio ocupe o lugar dele. Você sabe como nutrir seu amor?

Se não alimentarmos o ódio, ele também morrerá. O ódio e o sofrimento crescem dia após dia porque nós os nutrimos, dando-lhes mais alimento. Com que tipo de alimento você tem nutrido sua desesperança e seu ódio? Se você estiver deprimido, talvez não lhe reste força e energia. Talvez sinta vontade de morrer. Por que você se sente assim? A depressão não surge sem mais nem menos, do nada. Se conseguirmos identificar o alimento que nutriu nossa depressão, poderemos parar de consumi-lo. Com isso, em poucas semanas nossa depressão morrerá de inanição. Se você não souber que está regando sua depressão, continuará fazendo isso todos os dias. O Buda dizia que se soubermos examinar nosso sofrimento em profundidade e identificar o que o alimenta, nós já estamos a caminho da emancipação.

A saída do sofrimento é o consumo atento, não só para nós como para o mundo inteiro. Se soubermos regar as sementes de sabedoria e compaixão em nós, elas virarão poderosas fontes de energia que nos ajudarão a perdoar àqueles que nos fizeram mal. Isto trará alívio a nosso país e ao mundo. O povo americano é capaz de entender este tipo de sabedoria e de compaixão.

4

Liderança corajosa e compassiva

A paz é feita de paz

No fim do ano 2003, eu fiz uma palestra na Biblioteca do Congresso e ofereci um retiro de fim de semana para parlamentares do Congresso dos Estados Unidos com o propósito de ajudá-los a construir uma ilha interior de paz e estabilidade que lhes permitisse enfrentar melhor as exigências da vida política. Falei de como podemos criar mais tempo para estar presentes para nós mesmos, para relaxar a tensão física e mental e ter contato com as maravilhas da vida que encontramos dentro de nós e à nossa volta. No retiro, parlamentares fizeram a prática de sentar-se juntos pacificamente, andarem em atitude atentiva e comerem com atenção e gratidão. Eles viram que a prática da atenção é uma expressão concreta de nossa paz, estabilidade e liberdade. A paz é feita de paz. Paz é uma substância viva com a qual nós construímos nossa vida. Ela não é feita apenas de discussões e tratados. Para infundir paz em nosso mundo, devemos caminhar em paz, falar em paz e escutar com paz. Se o fizermos, conseguiremos ter mais alegria no dia-a-dia, manter um melhor relacionamento com nossos familiares e usar a introspecção, a compaixão e a compreensão que possuímos em benefício da nossa comunidade, além de podermos ajudar a sarar as feridas que causam divisões em nosso país e no mundo.

Enquanto espera sentado no aeroporto, aproveite o tempo para se voltar para si próprio e cuidar de seu corpo e sua mente. Em lugar de preocupar-se com o futuro, exercite a respiração atenta para retornar ao momento presente. Nós inspiramos e expiramos o tempo todo, mas não o fazemos de maneira consciente. Onde quer que estejamos, até no trânsito esperando o semáforo abrir, nós podemos voltar a atenção para a respiração. "Ao inspirar, eu sei que estou inspirando. Ao expirar, sei que estou expirando. Inspirando, sei que estou vivo. Expirando, eu sorrio para a vida."

É uma prática muito simples. Se nos voltamos para a inspiração e a expiração, inspirando e expirando de maneira atenta, passamos a estar plenamente presentes, plenamente vivos aqui e agora. No dia-a-dia, nossa mente muitas vezes está em outro lugar, quer no passado, quer no futuro, concentrada em nossos projetos, nossas preocupações e nossas angústias. Quando a mente não está com o corpo, nós não estamos verdadeiramente presentes e não podemos estar em profundo contato com a vida. A vida só está disponível no momento presente. O passado já se foi e o futuro ainda não chegou. Temos um encontro marcado com a vida e é agora, neste exato momento.

Não precisamos esperar até morrer para alcançar o Reino dos Céus; aliás, temos de estar vivos para isso. O equivalente budista do Reino dos Céus é a Terra Pura do Buda. Não se trata de um lugar aonde se possa chegar morrendo ou virando mártir pela própria fé. O Reino de Deus não é apenas uma idéia; é uma realidade que está ao nosso alcance na lua cheia, no céu azul, nas montanhas e árvores majestosas e nos rostos bonitos de nossos filhos. Basta estar presente, inspirar e expirar de maneira atentiva, para fazer contato com o Reino de Deus. O Reino de Deus está sempre ao nosso dispor. Mas será que nós estamos à disposição do Reino?

Quando retornamos para o momento presente, nós ficamos cientes do corpo e todas as tensões são liberadas. Todo mundo presta atenção para a própria respiração, por exemplo, repetindo estas palavras: "Ao inspirar, percebo meu corpo. Ao expirar, elimino a tensão do corpo". Não é preciso ser budista para praticar isso. Você pode se sentar na posição que achar mais confortável, liberar a tensão e diminuir a rigidez do corpo. Um ou dois minutos disso já podem fazer grande diferença. Quando inspiro, eu gero a energia da atenção. Com ela, eu reconheço as dores e tensões no meu corpo. Começo então a acolher meu corpo com ternura, deixando que todas as tensões sejam liberadas. É comum acumularmos muita tensão e pressão no corpo, submetendo-o a esforço excessivo. Está na hora de cada um voltar para seu corpo. Isto é possível em qualquer momento, quer estejamos sentados, deitados, em pé ou andando.

A prática da caminhada atentiva é possível para todos nós, seja em casa, no aeroporto ou no Congresso. Todo passo que se dá em atitude atentiva é muito nutritivo e curativo, além de prover solidez e liberdade. Quando caminho com atenção, eu não penso. Se pensar enquanto caminha, você se perderá nos pensamentos e não conseguirá desfrutar dos passos que der, andando no Reino de Deus, na Terra Pura de Buda. Com a energia da atenção e da concentração, você pode desfrutar de cada passo que der. Praticar a caminhada atentiva com um amigo ou com um grupo pode ser bem mais fácil. Talvez você possa convidar um amigo ou colega de serviço para isso.

Estar plenamente presente

Retornar para o próprio corpo pode trazer alívio em questão de minutos. Depois, nós nos voltamos para os sentimentos e as emoções. "Ao inspirar, percebo meus sentimentos. Ao expirar, eu me acalmo e libero a tensão de meus sentimentos." Pode-se fazer este tipo de prática em qualquer momento e lugar, quer viajando de trem ou de avião, quer no trabalho ou em casa.

Se não soubermos cuidar de nós mesmos e amar-nos, não poderemos cuidar das pessoas que amamos. Amar a si próprio é essencial para ser capaz de amar outra pessoa. Quando amamos alguém, o maior presente que podemos dar a essa pessoa é o de nossa verdadeira presença. Se estamos concentrados nos pensamentos e nas preocupações com o passado e o futuro, não estamos verdadeiramente presentes e, portanto, não podemos oferecer aos entes queridos o que é mais valioso: nossa presença e nossa compaixão. Respirar e caminhar com atenção e tornar-se plenamente vivo deve ser a mais alta prioridade de todos.

Como podemos amar se não estamos realmente presentes? Amar alguém é uma prática. Se você estiver realmente ali, a pessoa amada saberá. Se você apenas fingir que está ali, a pessoa amada também se dará conta disso. Quando sua mente volta novamente para o corpo e torna-se plenamente presente no aqui e agora, você tem condições de cuidar da pessoa amada. A sua própria presença aqui e agora porá a vida à disposição de você. Sua pessoa amada pertence à vida. O Reino de Deus pertence à vida. Quando você se torna presente, seu bem-amado e o Reino de Deus passam a estar à sua disposição ao mesmo tempo.

Quando bebo chá com plena percepção, estou bebendo de maneira atentiva. Se me coloco no aqui e agora, meu chá também se torna plenamente presente. Podemos tomar o café da manhã com atenção. Você talvez se pergunte como pode dispor de tempo para tomar seu chá com atenção quando tem tantas coisas a fazer e pensar. Mas se você se perde nos pensamentos ao tomar seu chá, então não está tomando chá verdadeiramente. Você não é real e o chá não é real. Por isso não-pensar é uma prática importante. Não estou dizendo que pensar não seja importante, mas há pensamento produtivo e pensamento improdutivo. Se não formos capazes de viver os momentos da vida cotidiana intensamente, não estaremos em contato profundo com a realidade, e nosso pensamento não será muito produtivo. Eu costumo fazer meditação andante antes de dar uma palestra. Enquanto caminho em direção ao auditório, eu não penso na palestra. Apenas curto cada passo que dou. É por isso que, chegada a hora de falar, a palestra pode ser boa. O tempo de não-falar é o alicerce do tempo de falar.

Acolhendo a dor

Voltar para nós mesmos, para assim reconhecermos a dor, a aflição, o medo e a raiva, é uma prática fundamental. A atenção e a concentração ajudam-nos a fazê-lo sem o receio de sermos sobrepujados por essas energias negativas. Muitos tememos estar com nós mesmos porque temos medo da enorme quantidade de medo, solidão e raiva que há em nós. É por isso que tentamos disfarçar e evitar esses blocos de sofrimento consumindo comida, televisão, livros e álcool. Com a energia gerada quando se respira e se caminha com atenção, é possível entrar em contato com a própria dor sem que ela domine.

A energia da atenção ajuda-nos a reconhecer a dor e acolhê-la carinhosamente, como uma mãe cujo bebê está chorando. Quando o bebê chora, a mãe pára com o que estiver fazendo, pega a criança e segura-a com ternura em seus braços. A energia da mãe penetra no bebê, que logo começa a se sentir reconfortado. Quando reconhecemos e acolhemos a dor e a aflição dentro de nós, elas se acalmam como o bebê nos braços da mãe.

Se segurarmos a raiva, a dor e o medo com atenção, poderemos reconhecer as raízes de nossas aflições. Com atenção também podemos reconhecer o sofrimento na pessoa que amamos. Se ela fala ou age agressivamente, podemos entender que é vítima de um sofrimento com o qual não sabe lidar. Esta percepção faz com que desejemos ajudar essa pessoa a transformar seu sofrimento do mesmo modo que transformamos o nosso.

Uma vez que experimentamos felicidade e paz verdadeiras, é muito fácil transformarmos nossa ira. Não precisamos brigar mais. Nossa ira começa a se desmanchar porque nós conseguimos introduzir elementos de paz e alegria no corpo e na consciência todos os dias. Esta prática básica pode transformar a ira, o medo e a violência que trazemos dentro de nós, para que possamos ser mais úteis a nós mesmos e a nosso país.

É provável que os parlamentares queiram dar ao país o melhor de sua introspecção, sua experiência e sua compreensão. No entanto, por pertencerem a um certo partido, eles têm de votar conforme os interesses da agremiação e nem sempre podem fazê-lo de acordo com suas próprias introspecções. Isto não é ação política sensata. Quando os eleitores elegem alguém para o Congresso, o fazem porque confiam na sabedoria, no talento e na experiência da pessoa. O título do retiro para parlamentares que eu dirigi foi *Liderança com Coragem e Compaixão*. A "liderança" exige, em primeiro lugar, votar com coragem e estar disposto a correr o risco de perder posições num partido político. Às vezes os políticos não se atrevem a exprimir o que pensam porque temem ser isolados. Eis o grande problema. Com atitude atenta e concentração suficientes, os políticos poderiam compreender o sofrimento e as dificuldades de seus eleitores. Com essa compreensão, eles podem assumir posturas que dêem efetiva resposta à situação, independentemente do partido político a que pertençam.

Porém, a maioria dos nossos parlamentares limita-se a brigar por suas idéias. Eles não escutam uns aos outros. Qualquer idéia que não condizer com a plataforma do partido político é considerada errada. Se gente de outro partido apresenta uma opinião real e valiosa, os políticos têm de rejeitá-la. O objetivo de todo político é defender as posturas de seu partido. Colegas de outros partidos são vistos como adversários e até como inimigos. Quando se cai nesse tipo de reação, não existe possibilidade alguma de verdadeira comunicação e compreensão mútua no Congresso. Isto não é democracia de verdade. Isto é uma ameaça à democracia. Atualmente não se escuta nem se fala com a devida qualidade no congresso. Se pudesse praticar a escuta profunda e a fala amorosa, o congresso viraria uma família ou uma comunidade.

Na Aldeia das Ameixeiras nós desenvolvemos uma prática chamada *Começar de Novo* com o intuito de manter a comunicação aberta e restabelecer o amor e a compreensão na comunidade. Mesmo que fosse difícil no início, a aplicação desse processo no Congresso mudaria totalmente o modo de se fazer política neste país.

Uma vez por semana, nós sentamos em círculo com um vaso de flores no centro e praticamos a fala amorosa e escuta profunda uns com os outros. Nós convidamos o sino da plena consciência para começar e terminar, depois que cada pessoa falou e toda vez que é necessário. Quando alguém quer falar vai até o centro, pega o vaso de flores e volta com ele para seu lugar. Em seguida, senta-se com as flores à sua frente, e as flores o ajudam a manter o frescor ao falar. Enquanto uma pessoa fala, ninguém deve interromper.

Quem vai falar começa "regando as flores", reconhecendo as qualidades benéficas e maravilhosas de outros membros da comunidade. Todas as pessoas têm qualidades positivas e basta alguma percepção para reconhecê-las. É uma oportunidade para se encorajar e valorizar os demais, estando em contato com a gratidão que sentimos.

Depois de regar as flores, a pessoa pode desculpar-se por qualquer inabilidade da sua parte, qualquer erro que tiver cometido ou qualquer mágoa que tiver causado. Pode também externalizar, se se sentiu magoada por alguém da comunidade.

Esse pode ser o primeiro passo para a reconciliação. É muito importante começar regando as flores. É difícil sustentar a raiva e o ressentimento quando se percebem as qualidades da outra pessoa e se tem uma visão mais ampla e equilibrada dela. Quem usa da palavra fala com sinceridade e espírito construtivo, sem culpar, discutir nem criticar. Seu propósito não é dividir, mas sim fortalecer e beneficiar a comunidade. Todos, inclusive a pessoa que causou mágoa a quem fala, escutam em profundidade sem julgar nem reagir, dando-lhe uma chance de expressar-se e ter algum alívio. Se essa pessoa responder nesse momento, quem fala sentiria que não está sendo ouvido. Escutar desta maneira é uma prática muito profunda, que requer habilidade e paciência e tem muita importância.

Se a outra pessoa quiser responder em presença da comunidade, terá oportunidade de fazê-lo na seguinte sessão de *Começar de Novo*. Se achar que há apenas um mal-entendido que gostaria de esclarecer, poderá procurar a pessoa que falou, em particular e depois de uns dias, para dizer-lhe, calmamente e com doçura, que não esteve certa. Se quiserem se reunir, poderão combinar um encontro e solicitar a presença de outros, ou pedir a um terceiro que faça as vezes de mediador.

Finalmente, a pessoa que fala pode expor qualquer situação, dificuldade ou felicidade que estiver experimentando nesse momento e que quiser compartilhar com a comunidade. Quando tiver acabado de falar, a pessoa torna a colocar o vaso de flores no centro do círculo e volta para seu lugar; depois, outra pessoa terá a sua vez de falar.

Nós encerramos a sessão cantando uma canção ou fechando o círculo de mãos dadas e respirando juntos durante um minuto. Depois de *Começar de Novo*, todos os membros da comunidade sentem-se leves. Embora tenhamos dado apenas os primeiros passos rumo à cura, nós sabemos que podemos prosseguir. Agora mesmo grassam recriminações, disputas e intransigências no Congresso dos Estados Unidos. Se os políticos praticassem o exercício de *Começar de Novo*, a verdade e a cura poderiam surgir.

Cinco passos para retornarmos a nós mesmos

Com freqüência, vemos personalidades públicas manifestarem sua preocupação com o crescente nível de violência em nossa sociedade. Elas estão certas: há violência demais em nossas famílias e nossas escolas. Cada político pode ter idéias e opiniões sobre como diminuir a violência. Mas, em vez de compartilharem idéias, os políticos competem para que a própria idéia prevaleça. Se, em lugar disso, nós pudermos combinar as visões e experiências de cada um, teremos como resultado uma visão coletiva. Se não formos capazes de ouvir os nossos colegas de coração aberto, simplesmente porque eles são de outro partido – e se só levarmos em consideração e apoiarmos idéias do nosso partido –, estaremos abalando o alicerce essencial da democracia.

Transformar o Congresso numa comunidade compassiva de verdadeiros irmãos e irmãs – onde todos escutam os outros com igual interesse e atenção – é uma ação muito profunda cujo primeiro passo seria que todo político voltasse para si próprio. A maioria dos políticos não teve tempo para voltar para si mesma. Eles estão permanentemente concentrados no que lhes é exterior. Raramente estão em contato com seu corpo, seus sentimentos, suas formações mentais e sua consciência, nem lhes dão o devido cuidado. Deixamse dispersar pelas coisas que os circundam, como projetos, preocupações, lamentações, ou entretenimentos banais. Portanto, o primeiro passo é você voltar para si mesmo e reconhecer o sofrimento, a dor que você carrega, bem como saber como acolhê-la e transformá-la.

Depois de voltarem para si mesmos, eu recomendo que os políticos se aproximem de suas famílias, de seus companheiros. Quando você tiver voltado para si, poderá então ajudar seu companheiro ou companheira a voltar para si, a curar a dor que ele ou ela carrega. Este é o segundo passo: cuidar da pessoa amada.

Tendo obtido sucesso no primeiro e segundo passos, você e seu companheiro virarão um. Você poderá compartilhar suas preocupações, aspirações e dificuldades com seu companheiro e sua família, o que fortalecerá a todos. Se você não inclui a pessoa com quem convive na sua atenção, ela torna-se um obstáculo, e você vira um obstáculo para ela. Contando com o apoio da sua família e havendo boa comunicação, você não sente a solidão e desfruta de muita felicidade. Assim, não lhe falta energia para ir à procura de seus sonhos.

Recomendo a todo político que, depois de unir-se à sua família, procure dar um terceiro passo e ajude as pessoas que trabalham em seu escritório a voltarem-se para si mesmas. Todo senador ou deputado tem pessoal no seu gabinete. Essas pessoas também sofrem e têm dificuldades. O modo de o parlamentar falar e agir com elas pode, de alguma maneira, aumentar seu sofrimento. Daí que cuidar dos membros de seu gabinete é muito importante. Ouça-os mediante as técnicas de escuta profunda e fala amorosa de modo a criar compreensão e confiança. Só pode ter sucesso como líder quem conta com a confiança e o apoio de sua equipe.

Se você conseguir com sua prática inspirar os membros de seu pessoal a voltarem para si próprios, eles não trabalharão apenas pelo dinheiro, mas porque desejam concretizar um ideal compartilhado. Este é um desejo muito salutar. Isto vale tanto para políticos e empresários quanto para quem quer que trabalhe com outras pessoas. Se você nada sabe sobre as dificuldades, as aspirações e o sofrimento daqueles com quem trabalha, essas pessoas não podem estar cem por cento com você. Quando se trabalha em equipe, em comunidade, as condições são muito mais favoráveis para dar o quarto passo e o quinto.

O quarto passo de cura que eu recomendo é que os deputados do Congresso escutem seus colegas. Todo membro do Congresso tem suas próprias dificuldades e aspirações. A iniciativa mais valiosa que um parlamentar pode tomar é a de oferecer o melhor de sua introspecção e seu talento, além de escutar a sabedoria dos demais.

Há divisão, desconfiança e ódio demais no Congresso. Com tanta divisão e inimizade é difícil para os parlamentares servirem a seu país. Há divisão em nossos lares, em nossas escolas e comunidades e na nossa sociedade. Da divisão no Congresso decorre a divisão no mundo. As feridas estão ali e nós não somos capazes de curá-las. Não estamos praticando realmente a democracia. Não escutamos realmente um ao outro. Não sabemos combinar nossas idéias para chegar à melhor decisão para o país. O Congresso como comunidade tem de voltar para si mesmo e estar em posição mais forte para ajudar a liderar o país.

O quinto passo para os deputados é cuidar da gente de seu distrito, dos eleitores que votaram neles. Se o deputado tem uma equipe eficiente e pode estabelecer bons relacionamentos com pessoas de seu distrito, pode ajudá-las a voltar para si mesmas também. É crucial a boa comunicação entre o deputado e seus eleitores. Se as pessoas compreenderem o que seu deputado está fazendo e confiarem em suas motivações, seguramente votarão nele e ele não precisará se preocupar o tempo todo com a reeleição.

Muitos sofremos com a injustiça social, a pobreza e a discriminação. Confiamos em que os membros do nosso Congresso lutem por nós para melhorar a situação. Talvez acreditemos que só seremos felizes quando o governo nos der mais e melhores empregos, escolas ou hospitais. Mas a solução não é tão simples. Há muitas outras coisas que contribuem para nossa infelicidade das quais talvez não estejamos cientes. Quando os pais não se falam, quando não há comunicação entre pais e filhos, nós sofremos imensamente todos os dias. O nível de violência na família, nas escolas e na sociedade como um todo é uma das principais causas do nosso sofrimento. Temos de voltar para nós mesmos como país e aprender a prática. Não podemos esperar que o governo aja. Nós podemos fazer muito para melhorar nossa situação, mesmo antes de o governo intervir. Um parlamentar pode instar seus eleitores a voltarem para si mesmos e confiarem mais em si próprios. Tudo depende da nossa capacidade de praticar a escuta profunda e a fala amorosa.

Organização de retiros de não-violência

Insto as personalidades públicas a procurarem com afinco um modo de diminuir o perigoso nível de violência em nossas escolas e famílias. Sugiro que se ampliem as atuais iniciativas de redução da violência com a inclusão de oficinas ou retiros que poderiam ser organizados para ensinar os pais a se comunicarem com compaixão, com escuta profunda e falando com gentileza, a fim de eliminar percepções erradas e recuperar a felicidade. Os professores também poderiam participar de oficinas ou retiros de uma semana de duração todo ano, para aprenderem a arte da cura e da transformação.

Gastamos bilhões de dólares tentando controlar a violência no exterior, mas a violência dentro do nosso país é avassaladora e não temos feito o bastante para mitigá-la. Temos de achar um modo de lidar com as raízes da violência. É ingenuidade deixar a manutenção da paz por conta dos policiais. Eles podem até deter a violência algumas vezes, mas as raízes permanecem, sempre prontas a explodir. Os retiros e as oficinas de não-violência podem ajudar pais e professores a levar paz e reconciliação à família e à escola. Alguns de nós temos sólida experiência e prática, estamos dispostos a ajudar e não precisamos de dinheiro para fazêlo. Necessitamos apenas de que as pessoas com talento para a atenção e a reconciliação se reúnam e comecem a elaborar os planos em nível nacional.

Estas sugestões são a prática básica da paz. Paz significa ausência de violência, primeiro em nossas famílias, depois em nossas escolas e, finalmente, em nossa sociedade. Há coisas concretas que podemos fazer para ensejar a cura, a transformação e a reconciliação. Ao longo de um retiro, você recebe ensinamentos diários que agem como uma chuva espiritual, regando as sementes de compreensão e compaixão que há em você. No quarto dia do retiro, a semente de compaixão já está fortalecida e você adquire a capacidade de escutar em profundidade e falar amorosamente para restabelecer a comunicação com seus entes queridos. No quinto dia, nós instamos as pessoas a contatarem seus entes queridos e praticar a reconciliação antes do fim do retiro. Onde quer que façamos retiros, seja qual for o idioma, nós assistimos a milagres de reconciliação e cura. Como suas sementes de compaixão, compreensão e despertar foram regadas, as pessoas são capazes de escutar umas às outras e perceberem sua responsabilidade compartilhada por todo conflito ou sofrimento.

O Congresso poderia propor legislação concedendo licença remunerada a pais e professores para assistirem a uma oficina ou um retiro de atenção uma vez por ano. O retiro de uma semana ajudá-los-ia na cura e na reconciliação com si mesmos e com suas famílias, de modo que pudessem se tornar melhores pais e professores. O Congresso poderia apoiar a prática de paz e reconciliação caracterizada pela compaixão e a não-violência.

Nossos líderes políticos e religiosos poderiam ajudar a concretizar esse tipo de ação de paz. O trabalho deles é, em parte, acrescentar uma dimensão espiritual à nossa vida sociopolítica, mas é importante que os retiros de atenção sejam organizados sem sectarismos. Não se necessita ser budista, ter uma estátua do Buda, queimar incenso ou fazer reverências para praticar a reconciliação e a cura. Em 2003, nossa comunidade organizou um retiro sem sectarismo para policiais e funcionários da justiça criminal em Madison, Wisconsin. Antes do início do retiro, nós recebemos muitas cartas com reclamações por se tratar de um retiro budista para policiais. Para algumas pessoas, isso violava a separação entre Igreja e Estado. As autoridades do departamento de polícia de Madison esclareceram que o retiro não seria religioso. De fato, nós só nos dedicamos a caminhar, sentar-nos, comer, escutar e falar com atenção. Não fizemos cultos de adoração nem nada religioso. No entanto, a atmosfera foi muito espiritual.

Durante o retiro, nós oferecemos uma versão não-sectária dos Três Refúgios, a tradicional afirmação budista. Agora, eu ofereço esta versão ao leitor:

• Tenho confiança na capacidade de todo ser de atingir grande compreensão, paz e amor.

• Tenho confiança na prática que nos ajuda a palmilhar a senda de grande compreensão, paz e amor.

• Tenho confiança na comunidade que se empenha na prática de compreensão, paz e amor.

Também ofereço os Cinco Treinamentos de Atenção, que são uma expressão concreta da prática de atenção e já estão expressos em linguagem não-sectária. Cristãos, judeus e muçulmanos praticantes – bem como pessoas de outras crenças – receberam formalmente estes treinamentos e se valem deles como apoio para viverem uma vida de atenção e compaixão.

O primeiro Treinamento de Atenção

Ciente do sofrimento que causa a destruição da vida, eu me comprometo a cultivar a compaixão e aprender a proteger a vida de pessoas, animais, plantas e minerais. Estou determinado a não matar, não deixar outros matarem e não apoiar nenhuma ação que cause morte no mundo, no meu pensamento e no meu estilo de vida.

O segundo Treinamento de Atenção

Ciente do sofrimento causado pela exploração, a injustiça social, o roubo e a opressão, eu me comprometo a cultivar a bondade amorosa e aprender a trabalhar pelo bem-estar de pessoas, animais, plantas e minerais. Praticarei a generosidade compartilhando meu tempo, minha energia e meus recursos materiais com aqueles que realmente passam necessidade. Estou determinado a não roubar e não me apossar de nada que deva pertencer a outros. Respeitarei a propriedade alheia, mas impedirei outros de lucrarem com o sofrimento humano ou de outras espécies na Terra.

O terceiro Treinamento de Atenção

Ciente do sofrimento causado pela má conduta sexual, eu me comprometo a cultivar a responsabilidade e aprender a proteger a segurança e a integridade de indivíduos, casais, famílias e da sociedade. Estou determinado a não ter relações sexuais sem amor e a um compromisso de longo prazo. De modo a preservar minha felicidade e dos demais, estou determinado a respeitar meus compromissos e os de outros.

Farei tudo o que estiver ao meu alcance para proteger as crianças do abuso sexual e impedir que casais e famílias sejam desfeitos pela má conduta sexual.

O quarto Treinamento de Atenção

Ciente do sofrimento causado ao falar irrefletidamente e não escutar o que os outros têm a dizer, eu me comprometo a cultivar a fala amorosa e a escuta profunda com o intuito de trazer alegria e felicidade aos demais e diminuir-lhes o sofrimento. Sabendo que as palavras podem gerar felicidade ou sofrimento, estou determinado a falar com sinceridade, usando palavras que inspirem autoconfiança, alegria e esperança. Não transmitirei notícias sobre cuja veracidade eu tiver dúvida e não criticarei nem condenarei nada sem ter certeza. Não direi nada que possa causar divisão ou discordância, ou que possa ocasionar ruptura na família ou na comunidade. Estou determinado a empenhar todos os esforços na reconciliação e na solução de todo conflito, por pequeno que seja.

O quinto Treinamento de Atenção

Ciente do sofrimento causado pelo consumo negligente, eu me comprometo a cultivar a boa saúde, tanto física quanto mental, em mim, minha família e minha sociedade, comendo, bebendo e consumindo com atenção. Ingerirei unicamente produtos que preservem a paz, o bem-estar e a alegria em meu corpo e minha consciência, bem como no corpo e na consciência coletiva de minha família e minha sociedade. Estou determinado a não fazer uso de álcool nem de qualquer outro tóxico e a não ingerir alimentos ou outros produtos que contenham toxinas, como certos programas de televisão, revistas, livros, filmes e conversas. Estou ciente de que danificar meu corpo ou minha consciência com tais venenos é trair meus ancestrais, meus pais, minha sociedade e as gerações futuras. Esforçar-me-ei para transformar a violência, o medo, a raiva e a confusão em mim e na sociedade praticando uma dieta para mim e a sociedade. Compreendo que é fundamental aplicar uma dieta adequada para a auto-transformação e para a transformação da sociedade.

A prática da atenção pode ser universal. Não é preciso ser budista, nem comer com pauzinhos, nem usar túnica comprida para praticar a atenção.

Cultivando a atenção

Há muita tensão, preocupação e medo na vida dos parlamentares. Eles têm uma vida muito difícil e estão sumamente atarefados. Passam grande parte do tempo fazendo campanha para serem reeleitos. Aprender a caminhar com atenção e desfrutar de cada passo no Capitólio é um grande desafio. Após o retiro, um parlamentar nos disse que começara a praticar a caminhada com atenção de seu escritório até a sala de sessões. Ele já não concebe seu dia-a-dia sem essa prática. O retiro de parlamentares terminou com um encontro em que todos os participantes, sentados em círculo, tiveram a oportunidade de expressar-se. Um parlamentar revelou que, pela primeira vez na vida, tinha comido com atenção, em silêncio. A maioria disse que não esperava que o retiro fosse tão relaxante e enriquecedor.

Um dos parlamentares perguntou-me o seguinte: "Que medidas práticas iniciais você recomendaria para que gente de distintas raças e origens comece a fechar a brecha de racismo e intolerância que ora experimentamos, e na qual estão começando a ser incluídos os americanos de origem árabe por causa do 11 de setembro? Como podemos lidar com os lógicos temores após 11 de setembro, devido aos quais até cidadãos americanos de origem árabe são vistos com hostilidade e distância? O que você acharia de as pessoas começarem a fechar essa brecha?"

Eu respondi que temos de assumir o fato de que tudo está interligado. Segurança e bem-estar não podem mais ser questões individuais. Se o outro grupo não está seguro, nós não temos como estar seguros. Cuidarmos da segurança deles é, ao mesmo tempo, cuidar da nossa própria segurança. Cuidarmos do bem-estar deles é cuidar do nosso bem-estar. O que está na base de todo ódio e violência é a mentalidade discriminatória e separatista.

Minha mão direita escreveu todos os poemas que eu já compus. Minha mão esquerda não escreveu nenhum. Mas minha mão direita não acha que a esquerda seja imprestável. Ela não tem complexo de superioridade algum, por isso é muito feliz. Por sua vez, minha mão esquerda também não tem complexo de inferioridade. Minhas mãos têm um tipo de sabedoria chamada de sabedoria não-discriminatória. Um certo dia eu estava martelando um prego e minha mão direita não estava muito firme, daí que, em vez de bater no prego, ela deu uma martelada no dedo. Ela deixou o martelo e cuidou da mão esquerda com muito carinho, como se estivesse cuidando de si mesma. Ela não disse: "Veja bem, mão esquerda, não se esqueça de que eu cuidei bem de você e por isso deve me retribuir no futuro". E minha mão esquerda não disse: "Mão direita, você me fez muito mal, agora me dê esse martelo aí, que eu quero justiça!" Elas não pensaram em nada disso.

Minhas mãos sabem que fazem parte do mesmo corpo; elas *são* o outro. Acho que se israelenses e palestinos souberem que são irmãos e irmãs, que são como as duas mãos do mesmo corpo, não mais tentarão punir-se mutuamente. A comunidade internacional não os tem ajudado a entender isso. Também muçulmanos e hinduístas, se souberem que a discriminação está na origem de seu sofrimento, saberão como estimular a semente da não-discriminação em si mesmos. Esse tipo de despertar, esse tipo de compreensão profunda terá como resultado a reconciliação e o bem-estar.

Ações de paz

É muito importante que todos dediquemos o tempo necessário para examinar em profundidade a nossa situação, para dar-nos conta de que a violência não pode acabar com a violência. Somente a escuta profunda e bondosa e a fala amorosa podem ajudar a restabelecer a comunicação e eliminar as percepções erradas, que são o alicerce do ódio, da violência e do terrorismo. Com esta introspecção, poderemos ajudar outras pessoas a adquirirem o mesmo tipo de introspecção. Muita gente nos Estados Unidos já acordou para o fato de que o caminho para a paz é a própria paz. Essa gente precisa se reunir, externar sua preocupação em alto e bom som e apresentar a sua introspecção coletiva. Com essa introspecção, a compaixão nos dará força e coragem suficientes para acharmos uma solução para nós e o mundo.

Quando respiramos e voltamos para nós mesmos, criando harmonia interna e alegria, nós estamos realizando um ato de paz. Cada vez que sabemos como olhar para outra pessoa e reconhecer o sofrimento que a fez falar ou agir com imperícia, cada vez que somos capazes de perceber que ela é a vítima de seu sofrimento, nossa compaixão cresce. Quando conseguimos olhar para a outra pessoa com os olhos da compreensão e do amor, nós não sofremos nem fazemos essa pessoa sofrer. São essas as ações de paz que se pode compartilhar com outras pessoas.

Na Aldeia das Ameixeiras, reunimos várias centenas de pessoas e temos a oportunidade de conviver como uma família, construindo fraternidade por meio de tudo o que fazemos. Embora vivamos com simplicidade, somos muito felizes porque podemos gerar muita compreensão e compaixão. Oferecemos retiros de atenção em muitos países da Europa, da Ásia e da América do Norte e do Sul. Quando esses retiros dão às pessoas uma possibilidade de cura, transformação e reconciliação, isto nos nutre imensamente.

Infelizmente, nossas lideranças políticas não foram treinadas nas práticas de respiração e caminhada com atenção. Elas não acolhem e transformam seu sofrimento. Elas só foram instruídas em ciências políticas. É muito importante tentarmos introduzir uma dimensão política em nossa vida, não de maneira imprecisa, mas mediante práticas concretas. Só falar em espiritualidade não vai ajudar grande coisa. Mas se você participar de um retiro de cinco ou sete dias, poderá voltar para si mesmo e contará todos os dias com o apoio de centenas de pessoas envolvidas na mesma prática. Sempre temos praticantes experientes em nossos retiros. Você pode ter contato com pessoas que têm experiência na prática e podem oferecer sua energia coletiva de atenção para ajudar outros a reconhecerem e acolherem sua dor. Nenhum professor pode proporcionar esse tipo de ambiente sozinho, por mais talentoso que seja. É preciso uma comunidade de prática onde todos saibam como ser paz, como falar paz, como pensar paz, de modo que os praticantes principiantes possam se beneficiar da introspecção coletiva e da energia coletiva da prática.

Um mundo sadio

Às vezes, nossa sensação de medo e insegurança aparece quando observamos a destruição do planeta à nossa volta. Perguntamo-nos como podemos sobreviver se estamos destruindo nosso planeta. O meio ambiente sofre porque consumimos demais e sem atenção. Destruímos nosso meio ambiente e também nos autodestruímos com o consumo negligente. Aprendermos a consumir menos e apenas coisas que podem proporcionar paz e saúde ao corpo e à consciência contribuirá para curar o planeta e também para nossa saúde física.

O Congresso poderia examinar em profundidade a questão do consumo. Há em nossa sociedade gente que está sofrendo muito e que, por não saber como lidar com seu sofrimento, passa a consumir para esquecer. Quando conseguimos alcançar a alegria vivendo com compaixão e compreensão, já não precisamos consumir muito nem destruir o meio ambiente. Consumir dessa maneira pode ajudar-nos a manter a compaixão e a compreensão em nós. Isto é muito importante.

Temos uma Estátua da Liberdade na Costa Leste dos Estados Unidos. Mas em nome da liberdade se tem feito muito mal à nossa nação e a outros povos. Acho que deveríamos construir uma Estátua da Responsabilidade na Costa Oeste para garantir o equilíbrio. Liberdade sem responsabilidade não é verdadeira liberdade. Ninguém é livre para destruir. Se proibimos alimentos que podem introduzir toxinas no corpo, também devemos proibir o tipo de alimento que pode introduzir toxinas na consciência individual e coletiva. Os parlamentares devem examinar estas questões em profundidade para ver de onde vem nosso sofrimento. O consumo e a produção negligentes estão na origem da nossa crise. Estamos criando violência e ânsia com o modo de consumir e fazer produtos culturais. Se continuarmos assim, jamais conseguiremos resolver nossos problemas nacionais e globais. É a nossa prática de consumo e produção responsável que determinará se poderemos ou não proteger o meio ambiente.

Cabe ao indivíduo pôr a mudança em prática. Quando eu mudo, contribuo para induzir mudança em você. Como jornalista, professor, pai ou mãe, você pode ajudar a mudar o comportamento de muitas pessoas. As introspecções pessoais ajudam a gerar a introspecção coletiva. É assim que acontece. Não há outro jeito. Como a semente da compreensão, da compaixão e da introspecção está em você, o que eu disser pode regar essa semente, e a compreensão e a compaixão são suas e não minhas. Minha compaixão e minha compreensão podem ajudar sua compaixão e sua compreensão a se manifestarem. Não é algo que se possa transferir. Se você quiser que o presidente tenha compaixão e compreensão, terá de nutrir a semente de compaixão e compreensão que existe nele. Você não pode transferir sua compreensão para ele. O mesmo ocorre com pais e filhos: o pai não pode simplesmente dar sua sabedoria ao filho. Ele tem de ajudar o filho a desenvolver a sua própria sabedoria.

Depois de diversos retiros, pessoas de negócios, policiais e parlamentares mostraram-se interessados em manter o contentamento e a compaixão que experimentaram no retiro quando voltassem à vida habitual. As sementes foram plantadas neles e nós esperamos que não parem de crescer. Mas elas precisam de ajuda. A construção da comunidade é nossa prática verdadeira. Sem uma comunidade, nossa prática não será forte o bastante quando sairmos do retiro. Nosso propósito é melhorar a qualidade de vida não só individual como também a da comunidade. Tudo o que você conseguir como indivíduo irá beneficiar a sua comunidade e sua nação. Portanto, se uma comunidade ou uma organização como o Congresso aplicar técnicas ou princípios semelhantes aos aplicados pelo indivíduo, a vida dessa comunidade melhorará em grande medida.

5

Um século de espiritualidade

Ouvi muita gente prever que o século XXI será um século de espiritualidade. Pessoalmente, eu acho que *deve* ser um século de espiritualidade se é que pretendemos mesmo sobreviver. Há sofrimento, violência, desesperança e confusão demais na nossa sociedade. Há muito medo. Como podemos sobreviver sem espiritualidade?

O céu azul

O Reino dos Céus é como o céu azul. Às vezes, o azul do céu se revela plenamente diante de nós, enquanto outras vezes fica totalmente oculto. Tempestades, nuvens e neblinas encobrem o céu azul. O Reino dos Céus pode ficar oculto por uma nuvem de ignorância ou uma tormenta de raiva, violência e medo. Mas aqueles que praticam a atenção conseguem perceber que mesmo quando o tempo está muito enevoado, nublado ou tormentoso, o céu azul está sempre ali para nós, por cima das nuvens. Tendo isto presente, evitamos cair na desesperança.

Neste exato momento, muitos de nossos amigos israelenses e palestinos estão praticando a meditação andante em Israel e na Palestina. É bem mais fácil praticar o contato com o Reino de Deus em cada passo aqui, na Aldeia das Ameixeiras, do que lá, naqueles territórios onde a raiva, a discriminação e a violência predominam. Confio que nossos amigos de lá estão fazendo bem a sua prática e, portanto, não cairão na desesperança. A desesperança é o pior que pode acontecer conosco. Nossos amigos do Oriente Médio têm de saber que estamos aqui exercitando-nos nessa prática para eles. Sempre podemos contribuir de alguma maneira para que o céu se desanuvie, para que o Reino dos Céus se revele diante de nós pelo menos um pouquinho, para assim não perdermos totalmente a esperança.

Enquanto pregava no deserto da Judéia, João Batista urgia as pessoas a se arrependerem porque "o Reino de Deus está próximo". Aqui, eu entendo "arrepender" como "parar": parar de agir com violência, ânsia e ódio. Arrepender-se significa acordar e perceber que o rumo que estamos adotando como sociedade implica loucura. É encobrir o céu azul. Arrepender-se significa começar de novo. Reconhecemos nossas transgressões e nos banhamos nas águas límpidas dos ensinamentos espirituais de amar o próximo como a nós próprios. Comprometemo-nos a abandonar o ressentimento, o ódio e o orgulho. Começamos de novo com a mente renovada e o coração limpo e determinado a agir melhor. Depois de ser batizado por João, Jesus ensinou o mesmo. E este ensinamento condiz perfeitamente com o ensinamento do budismo. Aqui está a Terra Pura, a Terra Pura está aqui. A Terra Pura está em teu coração. A Terra Pura está muito perto.

Se soubermos começar de novo, se soubermos transformar nossa desesperança, nossa violência e nosso medo, a Terra Pura se revelará para nós e os que nos rodeiam. A Terra Pura não pertence ao futuro. Ela pertence ao aqui-e-agora. Na Aldeia das Ameixeiras nós usamos uma expressão muito vigorosa: "A Terra Pura é agora ou nunca". Podemos achar tudo o que procuramos neste momento, inclusive a Terra Pura, o Reino de Deus e nossa natureza de Buda. Temos a possibilidade de alcançar o Reino de Deus com os olhos, os pés, os braços e a mente. Quando estamos atentos, estamos concentrados. Quando sua mente e seu corpo se unem, basta você dar um passo para estar no Reino dos Céus. Quando você está atento, quando está livre, tudo o que você toca – quer as folhas das árvores, quer a neve – está no Reino dos Céus. Tudo o que você ouve pertence ao Reino dos Céus, seja o canto dos pássaros ou o assobio do vento.

A condição básica para se alcançar o Reino de Deus é estar livre do medo, da desesperança, da raiva e da ânsia. A prática da atenção permite-nos reconhecer a presença da nuvem, da névoa e das tormentas. Mas também podemos reparar no céu azul detrás disso tudo. Temos inteligência, coragem e estabilidade suficientes para ajudar o céu azul a se revelar novamente.

Às vezes me perguntam o que se pode fazer para ajudar o Reino dos Céus a se revelar. É uma pergunta muito útil. É como perguntar o que se pode fazer para diminuir o nível da violência e do medo que estão dominando nossa sociedade. Esta é uma pergunta que muitos já fizemos. Ao dar um passo com estabilidade, solidez e liberdade, você contribui para varrer a desesperança do céu. Quando centenas de pessoas caminham juntas atentamente, gerando a energia de solidez, estabilidade, liberdade e alegria, estamos ajudando a nossa sociedade. Quando sabemos olhar para outra pessoa com olhos compassivos, quando sabemos sorrir para ela com esse espírito de compreensão, estamos ajudando o Reino dos Céus a se revelar. Quando inspiramos e expiramos com atenção, nós estamos ajudando a Terra Pura a se revelar. Em todo o momento da vida cotidiana nós podemos fazer alguma coisa para ajudar o Reino de Deus a se revelar. Não se deixe dominar pela desesperança. Podemos usar cada minuto e cada hora do nosso dia-a-dia.

Vamos como um rio

Quando agimos como uma comunidade de praticantes, permeados pela energia da atenção e da compaixão, nós somos poderosos. Quando fazemos parte de uma comunidade espiritual, nós temos muita alegria e podemos resistir melhor à tentação de entregar-nos à desesperança. A desesperança é uma grande tentação em nosso século. Sozinhos, nós somos vulneráveis. Se tentarmos ir para o oceano como um único pingo d'água, evaporaremos antes de chegar lá.

No entanto, se formos como um rio, se formos como uma comunidade, certamente chegaremos ao oceano. Tendo uma comunidade caminhando conosco, apoiando-nos e fazendo-nos lembrar sempre do céu azul, nós jamais perderemos a fé. Como líder político ou empresarial, assistente social, professor ou pai, você precisa ser lembrado de que o céu azul ainda está ali à sua espera. Todos precisamos de uma comunidade, uma *Sangha* que nos impeça de mergulhar no pântano da desesperança.

A construção da comunidade é a tarefa mais importante do nosso século. Como pode o século XXI ser um século de espiritualidade se nós não encararmos o trabalho de construir e fortalecer comunidades espirituais? Como indivíduos, nós já sofremos enormemente. O individualismo predomina e as famílias se desfazem. Com isso, a sociedade ficou profundamente dividida. Para que este século seja um século de espiritualidade é preciso que o espírito de congraçamento nos guie. Deveríamos aprender a fazer coisas juntos, a compartilhar nossas idéias e a aspiração profunda que temos no coração. Temos de aprender a ver a *Sangha*, a nossa comunidade, como nosso corpo. Necessitamos uns dos outros para praticar a solidez, a liberdade e a compaixão e assim podermos lembrar às pessoas que sempre há esperança.

Construindo segurança mediante a comunicação

Se queremos estar seguros, temos de construir a segurança. Com que material vamos construí-la? Não podemos usar fortalezas, bombas, nem aviões. Os Estados Unidos da América têm forças armadas muito poderosas e as armas mais avançadas do mundo, mas o povo americano não se sente seguro. Pelo contrário, tem muito medo e sente-se vulnerável. Tem de haver algum outro tipo de prática na qual possamos nos refugiar para sentir-nos realmente seguros. Temos de aprender a construir segurança com nossas inspirações e expirações. Temos de aprender a construir segurança com nossos passos, nosso modo de agir ou reagir, com nossas palavras e nossos esforços para construir comunicação.

Não é possível sentir-se seguro se não se tem boa comunicação com as pessoas com quem se vive ou se tem contato habitualmente. Não podemos nos sentir seguros se os que nos rodeiam não nos olham com simpatia e compaixão. Com o seu modo de falar, sentar-se e andar você pode mostrar à outra pessoa que ela está segura na sua presença, porque você vem em paz. Assim você constrói confiança. Sua paz e sua compaixão ajudam a outra pessoa a se sentir muito segura. Isto faz com que a reação dela seja de compaixão e compreensão e, com isso, também você se sentirá seguro. A segurança não é uma questão da esfera individual. Ajudando outra pessoa a se sentir segura, você garante a sua própria segurança.

Seu país não pode estar seguro se você não fizer nada para ajudar outros países a se sentirem também seguros. Se desejam ter segurança, os Estados Unidos devem cuidar também da segurança de outras nações. Se a Grã-Bretanha quer segurança, tem de pensar na segurança de outros grupos humanos. Qualquer um de nós pode ser vítima de violência e terrorismo. Nenhum país é invulnerável. Logo, é evidente que a violência e as armas não podem nos garantir verdadeira segurança. Talvez o que devamos fazer em primeiro lugar é dizer "Meu amigo, sei que você quer viver em segurança. Eu também quero viver em segurança, então por que não colaboramos?" Isso é algo muito fácil de se fazer, mas nós não o fazemos.

Comunicação é a prática. Vivemos em uma época na qual dispomos de muitos meios de comunicação avançados: correio eletrônico, telefone, fax, mas ainda assim pessoas, grupos e nações têm muita dificuldade em se comunicar. Achamos que não podemos usar nossas palavras para falar e, por isso, usamos bombas para comunicar-nos.

Quando chegamos ao extremo de não poder nos comunicar com palavras e ter de usar armas, é porque nos rendemos à desesperança. Temos de aprender a comunicar-nos. Se pudermos mostrar a um grupo com o qual estamos em conflito que não há nada a temer, poderemos começar a confiar um no outro. Nos países asiáticos, as pessoas costumam se cumprimentar com uma inclinação e juntando as palmas das mãos na forma de uma flor de lótus. No Ocidente, as pessoas se dão um aperto de mãos quando se encontram. Soube que esta tradição vem dos tempos medievais, quando as pessoas tinham medo umas das outras e, quando se encontravam, queriam mostrar que não traziam armas nas mãos.

Nós temos de fazer a mesma coisa agora. Com nossas ações, podemos dizer o seguinte: "Meu amigo, eu não trago arma alguma. Está vendo? Comprove você mesmo. Não represento um perigo, não há armas ocultas em mim." É este o tipo de prática que pode começar a construir confiança. Havendo confiança e comunicação, o diálogo torna-se possível.

Quando nossos amigos do Oriente Médio visitaram a Aldeia das Ameixeiras alguns anos atrás, eu lhes perguntei se aceitariam uma força internacional de manutenção da paz na região para acabar com a violência. Uma tal força permitiria o prosseguimento das negociações em busca de soluções pacíficas para israelenses e palestinos. Alguns dos nossos amigos israelenses e palestinos disseram que não podiam confiar em ninguém. Não confiam na ONU e não confiariam numa força internacional de manutenção da paz porque não acreditam na neutralidade de uma nem da outra. O medo anda junto com a desconfiança. O medo e a desconfiança nos impedem de estar juntos como amigos, como uma comunidade de nações.

Desde o início da assim chamada Guerra ao Terror, nós já gastamos bilhões de dólares, mas só conseguimos gerar mais violência, ódio e medo. Não tivemos sucesso no objetivo de eliminar o terrorismo nas suas manifestações nem – o que é mais importante – na mente das pessoas. Está na hora de voltarmos para nós mesmos e achar uma maneira melhor de alcançar a paz tanto para nós quanto para o mundo. Só com a prática da escuta profunda e da comunicação amável podemos ajudar a eliminar percepções equivocadas que geram raiva, ódio e violência. Não se pode eliminar percepções equivocadas com as armas. Todos sabemos que os Estados Unidos estão em dificuldades no Iraque. O país está atolado no Iraque como ficou atolado no Vietnã nem tanto tempo atrás. No Vietnã do Norte e no Camboja, os Estados Unidos tentaram caçar e eliminar os comunistas, mas quanto mais bombardeavam, mais comunistas criavam. Finalmente, tiveram de optar pela retirada.

Muitas vezes os EUA têm excelentes intenções. No curso da ação, porém, eles causam imenso sofrimento. Na guerra do Vietnã, por exemplo, a intenção dos americanos era salvar o Vietnã do comunismo. Era uma boa intenção, mas esse desejo de salvar-nos acabou por destruir-nos. É por isso que eu disse: "Salvem-nos da sua salvação". A sua intenção de ajudar-nos nos arruinou. A intenção de amor ainda não é amor. Devemos saber *como* amar. Quem ama de verdade não destrói o objeto de seu amor.

Receio que os Estados Unidos estejam fazendo exatamente a mesma coisa no Iraque. Quanto mais atacamos o terror, mais terroristas criamos. Os Estados Unidos investiram montes de dinheiro, vidas humanas, tempo e recursos no Iraque. Neste momento, seria muito difícil para o país retirar-se do Iraque, mesmo que o governo quisesse: é dificílimo sair da enrascada. Os Estados Unidos acreditam que países vizinhos do Iraque apóiam o terrorismo e o Departamento de Estado tem uma lista de países do Oriente Médio que considera patrocinadores do terror. Se continuarmos a aplicar o método de busca e destruição, acabaremos enviando tropas para esses países também. Isto é muito perigoso. Acho que os Estados Unidos só podem mudar essa situação se investirem em fazer das Nações Unidas uma autêntica organização de paz e lhe outorgarem poder para cuidar dos problemas do Iraque, do Afeganistão e do Oriente Médio. Os Estados Unidos poderiam aceitar a participação ativa de outros países na transformação das Nações Unidas em uma verdadeira comunidade de nações com autoridade suficiente para fazer seu trabalho. A meu ver, esse é o único modo simples e honroso de sair da atual situação e seria aplaudido por todo o mundo.

Valer-se de violência para suprimir violência não resultará em paz duradoura. Os Estados Unidos são poderosos o bastante para perceber esta realidade. O país tem poder suficiente para achar uma solução por meio da comunicação pacífica e da reconciliação, renunciando à violência.

A família de nações

Como podemos transformar as Nações Unidas numa autêntica família de nações? A Organização foi criada para ser uma comunidade, uma *Sangha* de nações. Mas nós não confiamos realmente nela e tentamos transformá-la em instrumento internacional para servir aos nossos interesses nacionais.

Quando há problemas num país, toda a comunidade mundial deve vir em sua ajuda. Por exemplo, quando uma pessoa adoece na Aldeia das Ameixeiras, todos procuramos ajudá-la porque ela faz parte de nosso corpo e nós temos de cuidar bem dele. Se um membro da comunidade tem dificuldades, a comunidade inteira tem de cuidar desse membro. Quando surge um conflito entre dois membros da nossa comunidade, o problema não é apenas deles, mas de todos nós. Em uma família, se dois irmãos brigam e tentam matar um ao outro, outros membros da família precisam intervir para evitar o fratricídio. Não é isso o que as Nações Unidas têm feito em representação da família humana. Em uma comunidade, isto é, numa *Sangha*, cada pessoa aprende a enxergar para além de sua própria perspectiva e olhar com os olhos da sabedoria coletiva, os olhos da *Sangha*. É perfeitamente possível resolver problemas com os olhos da *Sangha*, pois eles sempre fornecem uma imagem mais clara que a dos olhos de cada indivíduo.

A União Européia aspira agir como uma família, como um só corpo. Anima-me muito que os países tenham agido com base na sabedoria da não-discriminação. Em grande medida, eles deixaram de lado o interesse nacional e compreenderam que o bem-estar do conjunto da Europa é o bem-estar de cada um deles. Ouvi dizer que países do Sudeste Asiático têm planos de formar uma união semelhante. Nós poderíamos reunir-nos em nível mundial, cientes de que o bem-estar de todos os países está interligado e que, quando ajudamos outros países, estamos ajudando a nós mesmos.

Se as Nações Unidas pudessem virar uma verdadeira comunidade, essa *Sangha* poderia encarregar-se de resolver as tensões entre diversos países. A Assembléia Geral das Nações Unidas também poderia ser um lugar em que as pessoas aprendem a escutar umas às outras como irmãos e irmãs. Poderíamos parar de agir em nome do interesse nacional. Em uma autêntica *Sangha* não se pode agir com base no ego. Cada um deve submeter o próprio ser individual, que considera separado de todos os demais, e usar os olhos da *Sangha* como seus próprios olhos. Os países aprenderiam assim a beneficiar-se da sabedoria coletiva e da introspecção da *Sangha*, que pode ser muito mais forte que a introspecção individual de cada país. Manifeste-se para ajudar outros em sua comunidade, cidade e nação. Temos de ajudar as Nações Unidas a se tornarem uma verdadeira *Sangha* de nações.

Não podemos permitir que tudo continue do jeito que está. Todo dia morre gente e explodem bombas. Não se acredita nas Nações Unidas como verdadeira *Sangha* porque a Organização não funciona como deveria. Cada país quer usá-la em proveito próprio, e a violência em grande escala continua sem que haja intervenção. Se as Nações Unidas puderem transformar-se em uma autêntica *Sangha* e o Conselho de Segurança puder ser um real instrumento de paz, nós poderíamos agir com rapidez e resolver muitos dos problemas de violência no mundo inteiro. Há quem diga que a ONU não tem jeito e que deveríamos acabar com ela e criar outra coisa em seu lugar. Mas a ONU já está aí e é o que nós temos. Ela é a nossa esperança.

O corpo da *Sangha* das Nações Unidas pode dizer aos governos do Paquistão e da Índia, de Israel e da Palestina, dos Estados Unidos e do Iraque: "Vocês são amigos, são uma família. Dêem-se as mãos e atendam ao corpo da *Sangha*". Isto pode parecer ingênuo mas está completamente de acordo com a sabedoria ancestral de todos os nossos antepassados. Quando há conflitos entre pessoas na Aldeia das Ameixeiras, é isso o que nós fazemos e às vezes leva apenas poucas horas. Em vez de brigarmos, nós nos aliamos para servir à causa comum da paz e da estabilidade no mundo. Os países podem agir como irmãos em vez de como inimigos. Isto é construir a *Sangha* no século XXI.

Quer você seja jornalista, escritor, professor ou pai, manifeste-se, fale, expresse seu profundo desejo de paz e reconciliação e declare seu compromisso de fazer isso acontecer. A construção da *Sangha* tem de ser feita em todo nível – local, nacional e internacional. A *Sangha* é a nossa esperança.

Revelando a luz da sabedoria

Que o século XXI venha a ser um século de espiritualidade depende da nossa capacidade de construir a comunidade. Sem uma comunidade nós seremos vítimas da desesperança, pois precisamos uns dos outros. Precisamos congregar-nos, reunir nossa sabedoria, nossa visão e nossa compaixão. A Terra é nosso verdadeiro lar, um lar para todos nós. Pedimos que todos examinem em profundidade nossa situação coletiva. Pedimos que todos falem abertamente e espalhem a mensagem. Se nós não realizarmos esta tarefa de construção da *Sangha*, o sofrimento do século XXI será indescritível.

Podemos introduzir a dimensão espiritual em nossa vida cotidiana, bem como em nossa vida social, política e econômica. Está é a nossa prática. Jesus tinha essa intenção. Buda tinha essa intenção. Todos os nossos ancestrais espirituais cristãos, judeus, muçulmanos, hinduístas ou budistas tinham essa intenção. Nós podemos revelar a luz da sabedoria e reunir-nos para criar esperança e evitar que a sociedade e os jovens caiam na desesperança.

Podemos aprender a falar publicamente para que as vozes do Buda, de Jesus, de Maomé e de todos os nossos ancestrais espirituais seja ouvida neste momento perigoso e decisivo da história. Oferecemos essa luz para que o mundo não mergulhe na escuridão total. Todos temos a semente do despertar e da introspecção dentro do coração. Ajudemo-nos a tocar essas sementes em nós para que todos tenham coragem de falar abertamente. Devemos certificar-nos de que nossa maneira de viver no dia-a-dia não gere mais terrorismo no mundo. Somente um despertar coletivo pode deter a autodestruição que está em curso.

Apêndice

❦

Escritos sobre terrorismo

As melhores flores da nossa prática

Palestra proferida em Berkeley, Califórnia,
13 de setembro de 2001

Dois dias depois da tragédia de 11 de setembro, eu dei esta palestra. Juntamente com minha comunidade de oitenta monges e freiras, perante uma platéia de milhares de americanos, nós oferecemos esta prece por cura e paz:

Ofereçamos à humanidade o melhor das flores e dos frutos da nossa prática: lucidez, solidez, irmandade, compreensão e compaixão. Ao inspirar, percebemos que em geral não temos conseguido superar o choque. Ao expirar, percebemos que há muitíssimo sofrimento em nosso país, muitíssimo medo, raiva e ódio. No entanto, no fundo do coração, nós sabemos que não se pode extinguir a raiva e o ódio com mais raiva e mais ódio. Responder ao ódio com ódio fará com que ele se multiplique mil vezes. Unicamente a compaixão pode transformar o ódio e a raiva.

Neste instante, invocamos todos os nossos mestres espirituais, Budas e *bodisatvas* para ajudar-nos a acolher o sofrimento dos Estados Unidos como nação, como país, para acolher o mundo como nação, como país, para acolher a humanidade como família, de modo que possamos adquirir lucidez e calma para saber exatamente o que devemos e o que não devemos fazer para a situação não piorar.

Sabemos que muitos estão tentando resgatar e apoiar as vítimas da destruição e somos gratos a eles. Há pessoas morrendo e outras sofrendo terrivelmente neste exato momento. Estejamos lá com todas essas pessoas, abraçando-as afetuosamente com toda a nossa compaixão, com nossa compreensão, com nossa percepção. Sabemos que muitos estão tentando impedir que essa violência aconteça de novo. Sabemos que reagir ao ódio e à violência com compaixão é a única saída para todos nós.

Eu recomendo que nestes dias, quando ainda não conseguimos superar o choque brutal, nós não façamos nada nem digamos coisa alguma. Deveríamos voltar para nós mesmos e praticar respiração e caminhada atentivas para que possamos nos acalmar e para que a lucidez nos acompanhe, de modo que sejamos capazes de compreender as reais origens do nosso sofrimento e do sofrimento do mundo. Somente com essa compreensão a compaixão pode surgir. Os

Estados Unidos podem ser uma grande nação se souberem agir com compaixão em lugar de punição.

Oferecemos o incenso de todos os nossos mestres espirituais e pedimos a eles que nos apóiem neste momento tão difícil.

Cultivar a compaixão em resposta à violência

Declaração publicada por Thich Nhat Hanh no
The New York Times, em 18 de setembro de 2001

Toda violência é injustiça.

Quando respondemos à violência com violência somos injustos, não só com a outra pessoa como com nós mesmos. Responder à violência com violência nada resolve, mas apenas eleva o nível de violência, raiva e ódio. Somente com compaixão conseguimos acolher e desintegrar a violência. Isto vale tanto para as relações entre pessoas quanto para as relações entre países.

Nos Estados Unidos, muita gente considera Jesus Cristo seu Senhor, seu ancestral espiritual e seu mestre. Deveríamos prestar atenção a seus ensinamentos, sobretudo em momentos críticos como este. Jesus jamais nos encoraja a responder com violência aos atos de violência. Pelo contrário, seu ensinamento é que usemos de compaixão para lidar com a violência. E os ensinamentos do judaísmo vão em grande parte na mesma direção.

Convidamos as lideranças espirituais deste país a alçarem suas vozes, levando este ensinamento ao conhecimento da nação e do povo. O que precisa ser feito agora mesmo é reconhecer o sofrimento, acolhê-lo e compreendê-lo. Necessitamos de calma e lucidez para poder escutar em profundidade e compreender nosso próprio sofrimento, o da nação e o de outros. Compreendendo a índole e as causas do sofrimento, saberemos qual o rumo certo a seguir.

A violência e o ódio com que hoje nos deparamos são o resultado de incompreensão, injustiça, discriminação e desesperança. Todos somos co-responsáveis pela geração de violência e desesperança no mundo, em razão de nosso modo de viver, consumir e lidar com os problemas mundiais. Depois de compreender por que esta violência surgiu, saberemos o que fazer e o que não fazer para reduzir o nível de violência em nós e no mundo, para criar e fomentar a compreensão, a reconciliação e o perdão.

Tenho a convicção de que os Estados Unidos têm sabedoria e coragem suficientes para fazer um ato de perdão e compaixão, e sei que um ato dessa natureza pode proporcionar grande alívio imediato ao país e ao mundo.

O que eu diria a Osama Bin Laden

Entrevista a Beliefnet.com, em setembro de 2001

O que eu diria se pudesse falar com Osama Bin Laden? Do mesmo modo, no caso de dirigir-se aos americanos, o que você lhes sugeriria fazer, tanto individualmente quanto como nação?

Se eu tivesse a oportunidade de estar cara a cara com Osama Bin Laden, a primeira coisa que faria seria escutar. Tentaria compreender por que ele agiu com tamanha crueldade. Tentaria compreender todo o sofrimento que o levou à violência. Como provavelmente não seria fácil escutar assim, eu teria de ficar calmo e lúcido. Precisaria da companhia de vários amigos experientes na prática da escuta profunda, de escutar sem reagir, sem julgar nem culpar. Destarte, criar-se-ia uma atmosfera de apoio para essa pessoa e outras a ela vinculadas, de modo que pudessem se abrir completamente e confiar que realmente estão sendo ouvidas.

Depois de escutarmos por algum tempo, nós precisaríamos fazer uma pausa para que o que foi dito pudesse penetrar em nossa consciência. Só responderíamos quando nos sentíssemos calmos e lúcidos. Responderíamos ponto por ponto ao que se disse. Responderíamos com gentileza mas firmemente, de modo a ajudar essas pessoas a descobrir seus equívocos para que, por sua própria decisão, elas parassem de cometer atos violentos.

Quanto ao povo americano, eu lhe sugeriria que fizéssemos o possível para recuperar a calma e a lucidez antes de reagir à situação. Pode ser muito perigoso reagir rápido demais, antes de se ter suficiente compreensão da situação. O primeiro a fazer é esfriar as chamas de raiva e ódio que ardem com tanta força em nós. Como já dissemos antes, é essencial repararmos no modo como alimentamos o ódio e a violência dentro de nós e tomar medidas imediatas para deixar de nutrir esses sentimentos.

Quando reagimos impulsionados pelo medo ou o ódio, nós ainda não temos compreensão profunda da situação. O que fizermos será apenas uma resposta muito apressada e superficial à situação e não resultará em real benefício nem solução efetiva. Entretanto, se esperarmos e seguirmos o processo de acalmar a raiva, examinar a situação em profundidade e escutar com grande vontade de compreender as raízes do sofrimento que são a causa da ação violenta, depois teremos sim uma visão suficientemente clara para reagir de maneira que a cura e a reconciliação possam concretizar-se para todos os envolvidos.

Na África do Sul, a Comissão de Verdade e Reconciliação tem tentado fazer isso. Todas as partes envolvidas nos fatos de violência e injustiça concordaram em escutar umas às outras num ambiente de serenidade e apoio, examinar juntas em profundidade as raízes dos atos violentos e chegar a acordos satisfatórios em cada caso. A presença de prestigiosos líderes espirituais é muito útil para fomentar e manter um ambiente desse tipo. Podemos recorrer a este modelo para a resolução de conflitos que estão surgindo no momento atual, em vez de esperar muitos anos antes de fazê-lo.

Você experimentou pessoalmente a devastação causada pela guerra no Vietnã e esforçou-se para pôr fim às hostilidades lá. O que você pode dizer àqueles que estão abalados e enraivecidos por terem perdido entes queridos no ataque terrorista?

De fato, eu perdi filhos e filhas espirituais na guerra, quando eles entraram na zona de batalha para salvar pessoas atingidas pelo bombardeio. Alguns morreram na guerra e outros foram assassinados por terem sido confundidos com colaboradores do outro lado. Sofri profundamente ao ver os quatro corpos sem vida de meus filhos espirituais tão brutalmente assassinados.

Compreendo o sofrimento daqueles que perderam entes queridos nesta tragédia. Em situações de enorme perda e pesar, eu tive de encontrar a calma para recuperar minha lucidez e meu coração compreensivo e compassivo. Com a prática do exame profundo percebi que se reagirmos à crueldade com mais crueldade, a injustiça e o sofrimento aumentarão.

Quando soubemos do bombardeio da cidade de Ben Tre no Vietnã, que resultou na destruição de 300.000 casas, e os pilotos disseram a jornalistas que haviam destruído a cidade para salvá-la, eu fiquei indignado e abalado pela raiva e a dor. Nós optamos por caminhar calmamente na Terra para recuperar a serenidade mental e o coração pacífico.

Embora seja muito difícil manter a imparcialidade em momentos como esses, é fundamental que evitemos dar qualquer tipo de resposta até termos a calma e a clareza necessárias para ver a realidade da situação. Sabíamos que reagir com ódio e violência teria apenas conseqüências prejudiciais, tanto para nós mesmos quanto para as pessoas que nos rodeavam. Então, examinamos em profundidade o sofrimento daqueles que nos atingiram com sua violência, de modo a compreendê-los e compreender-nos melhor. Com essa compreensão nós tivemos condições de gerar compreensão e aliviar nosso sofrimento e o do outro lado.

Qual é a "medida certa" a se tomar quando se trata de responder a ataques terroristas? Devemos buscar fazer justiça mediante a ação militar? Ou seria por processos judiciais? Justifica-se a ação militar e/ou a retaliação se com isso se pode evitar a morte de mais inocentes?

Toda violência é injusta. Não se pode apagar o fogo do ódio e da violência alimentando suas chamas com mais ódio e mais violência. O único antídoto para a violência é a compaixão. Do que é feita a compaixão? Ela é feita de compreensão. Quando não há compreensão, como podemos sentir compaixão, como podemos sequer começar a aliviar o enorme sofrimento que ali está? Portanto, a compreensão é realmente o alicerce sobre o qual construímos a nossa compaixão.

Como podemos alcançar compreensão e introspecção que nos norteiem nos momentos de gigantesco desafio que hoje atravessamos nos Estados Unidos? Para compreender, temos de achar vias de comunicação para podermos escutar aqueles que cobram tão desesperadamente a nossa compreensão, pois um ato de tamanha violência é um desesperado pedido de atenção e ajuda.

Como podemos escutar com calma e discernimento para não anular de imediato a chance de que a compreensão se desenvolva? Como nação, nós precisamos ver o modo de criar situações para que a escuta profunda aconteça, de maneira que nossa resposta à situação seja o produto da serenidade e da lucidez. A lucidez é uma grande contribuição que podemos oferecer neste momento.

Há muita gente que quer apenas uma coisa: vingança. Nas escrituras budistas, o Buda disse que respondendo ao ódio com mais ódio só se consegue uma escalada do ódio. Já usando a compaixão para acolher àqueles que nos fizeram mal, estaremos desarmando, em grande parte, a bomba que nós e eles abrigamos no coração.

Então, como podemos produzir uma gota de compaixão que seja capaz de apagar o fogo do ódio? Você sabe que compaixão não é coisa que se venda no supermercado. Se fosse, bastaria a gente comprar e levar para casa e assim resolveríamos o problema do ódio e da violência no mundo com muita facilidade. Acontece que só a nossa prática pode produzir compaixão no coração de cada um de nós.

Os Estados Unidos estão se consumindo no ódio. Temos de dizer a nossos amigos cristãos que eles são filhos de Cristo, que devem voltar para si mesmos, fazer um exame profundo e ver por que esta violência se desencadeou. Por que há tanto ódio? O que subjaz a essa violência toda? Por que eles odeiam tanto que se dispõem a sacrificar suas vidas e causar tamanho sofrimento a outras pessoas? Por que esses jovens, cheios de vitalidade e vigor, optaram por perder a vida para cometer essa violência? É isso o que temos de compreender.

É claro que temos de achar uma maneira de parar com a violência. Se necessário, temos de pôr os responsáveis na cadeia. Mas o mais importante é fazermos um exame profundo e nos perguntarmos por que isso aconteceu. Qual a responsabilidade que nós temos nisso? Talvez eles não nos entenderam direito. Mas o que os levou a interpretar-nos tão equivocadamente e fez com que nos odiassem tanto?

O método do Buda consiste em examinar em profundidade para ver a fonte do sofrimento, a fonte da violência. Se temos violência dentro de nós, qualquer ação pode fazer essa violência explodir. A energia do ódio e da violência pode ser muito grande e, quando vemos isso em outra pessoa, nós temos pena dela. Quando temos pena dessa pessoa, a gota de compaixão nasce em nosso coração e nos sentimos bem mais felizes e em paz com nós mesmos. Isto gera o néctar da compaixão dentro de nós.

Se você vem ao mosteiro é para aprender a examinar em profundidade, de modo que toda vez que você sofrer e sentir raiva, a gota de compaixão no seu coração sairá e apagará a febre da ira. Só a gota de compaixão pode apagar as chamas do ódio.

Devemos examinar de maneira profunda e sincera a nossa situação atual. Se conseguirmos ver as origens do sofrimento dentro de nós próprios e da outra pessoa, poderemos começar a deter o ciclo de ódio e violência. Se nossa casa está em chamas, devemos primeiro apagar o fogo para depois investigar sua causa. Do mesmo modo, se começarmos por extinguir a raiva e o ódio que temos no coração, teremos chance de investigar a fundo a situação, com clareza e introspecção, com o intuito de determinar as causas e condições que contribuíram para gerar o ódio e a violência que ora experimentamos dentro de nós e no mundo.

A "ação correta" é aquela cujo resultado é a extinção das chamas do ódio e da violência.

Você acredita na existência do mal? Se sua resposta é sim, você diria que os terroristas são pessoas más?

O mal existe. Deus também existe. O mal e Deus são dois lados de cada um de nós. Deus é a grande compreensão e o grande amor dentro de nós. É o que nós também chamamos de Buda, a mente esclarecida que pode ver através de toda ignorância.

O que é o mal? É o que surge quando o rosto de Deus ou de Buda em nós ficou escondido. Cabe a nós escolher se o lado do mal se tornará mais importante ou se o lado de Deus e do Buda irá resplandecer. Mesmo que o lado de grande ignorância – o lado do mal – esteja se manifestando com vigor em determinado momento, isto não implica que Deus não esteja ali.

Está perfeitamente claro na Bíblia: "Perdoa-lhes, porque eles não sabem o que fazem". Isto significa que um ato de maldade é um ato de imensa ignorância e incompreensão. É provável que haja muitas percepções equivocadas por trás de um ato maligno; é preciso perceber que a ignorância e a incompreensão estão na raiz do mal. Todo ser humano traz em si todos os elementos de grande compreensão, grande compaixão e também de ignorância, ódio e violência.

Em seu livro Raiva *você dá um exemplo de "escuta compassiva" como instrumento para reconciliar famílias. Pode-se usar esse instrumento em nível nacional e, nesse caso, como isso funcionaria?*

No último verão, um grupo de palestinos e israelenses veio à Aldeia das Ameixeiras, o centro de práticas onde vivo no Sul da França, para aprender e praticar as artes de escuta profunda e fala amorosa. (Aproximadamente 1.600 pessoas de mais de doze países vêm à Aldeia das Ameixeiras cada verão para escutar e aprender a infundir paz e compreensão em suas vidas cotidianas.) Os palestinos e israelenses participaram do programa diário de meditação andante, meditação ao sentar e refeições silenciosas, além de receberem treinamento em escutar e falar de modo a possibilitar maior compreensão e paz entre eles como indivíduos e como nações.

Com a orientação e o apoio dos monges e das freiras, eles sentaram-se e escutaram uns aos outros. Quando alguém falava, ninguém interrompia. Todos praticaram a atenção na respiração e na escuta e com isso a outra pessoa sentiu-se ouvida e compreendida.

Quem falava abstinha-se de usar palavras de acusação, ódio ou reprovação. Todos falavam numa atmosfera de confiança e respeito. Como resultado desses diálogos, os palestinos e israelenses que participaram ficaram predispostos a perceber que ambos os lados sofriam com o medo. Eles gostaram da prática de escuta profunda e combinaram transmitir o que haviam aprendido a outras pessoas ao voltar para seus países.

Nós recomendamos aos palestinos e israelenses que falassem sobre seu sofrimento, seus medos e sua desesperança em um fórum público em que o mundo inteiro pudesse ouvi-los. Todos poderíamos escutar sem julgar e sem condenar, visando a compreender a experiência dos dois lados. Isto prepararia o terreno de compreensão para as conversações de paz acontecerem.

A mesma situação apresenta-se hoje entre o povo americano e os povos islâmicos e árabes. Há muita incompreensão e falta de comunicação, o que nos impede de utilizar a nossa capacidade de resolver as dificuldades pacificamente.

A compaixão é um elemento muito importante do budismo e da prática budista. Neste momento, porém, parece impossível reunir compaixão pelos terroristas. É realista achar que alguém possa sentir verdadeira compaixão agora?

Sem compreensão, a compaixão é impossível. Quando se compreende o sofrimento alheio não é preciso obrigar-se a sentir compaixão, pois a porta do coração se abre naturalmente. Mesmo sendo todos muito jovens, os seqüestradores dos aviões sacrificaram suas vidas por quê? Por que fizeram isso? Que tipo de sofrimento profundo há por trás daquilo? Precisaremos de escuta profunda e exame aprofundado para compreender.

Ter compaixão numa situação como esta é realizar um grande ato de perdão. Podemos começar acolhendo aos que sofrem, tanto fora quanto dentro dos Estados Unidos. É preciso atender às vítimas aqui em nosso país e também ter compaixão pelos seqüestradores e suas famílias, uma vez que também eles foram vítimas da ignorância e do ódio. Assim nós realmente praticaríamos a não-discriminação. Não precisamos esperar anos ou décadas para concretizar a reconciliação e o perdão. Precisamos acordar agora para não permitir que o ódio domine nossos corações.

Você acredita que as coisas acontecem por um motivo? Então, qual foi o motivo dos ataques aos Estados Unidos?

A razão profunda da nossa situação atual reside em nossos padrões de consumo. Os cidadãos dos Estados Unidos consomem sessenta por cento dos recursos energéticos mundiais, mas são apenas seis por cento da população total do mundo. As crianças americanas assistem a 100.000 atos de violência na televisão até finalizarem o ensino básico. Outra razão da situação em que nos encontramos é nossa política externa e a falta de escuta profunda em nossas relações. Não fazemos escuta profunda para compreender o sofrimento e as necessidades concretas de gente de outras nações.

Qual você acha que seria a resposta espiritual mais eficaz diante desta tragédia?

Podemos começar logo acalmando nossa raiva, examinando a fundo as raízes do ódio e da violência em nossa sociedade e no mundo e escutando com compaixão para ouvir e compreender o que até agora não fomos capazes de ouvir e compreender. Quando a gota de compaixão começar a se formar em nossos corações e mentes, nós começaremos a desenvolver respostas concretas à nossa situação. Quando tivermos escutado e examinado em profundidade, poderemos começar a desenvolver a energia de irmandade entre todas as nações, que é o mais profundo legado espiritual de todas as tradições religiosas e culturais. Assim, a paz e a compreensão aumentam dia após dia no mundo inteiro.

Desenvolver a gota de compaixão no próprio coração é a única resposta espiritual eficaz ao ódio e à violência. Essa gota de compaixão resultará em acalmarmos nossa raiva, examinarmos a fundo as raízes da nossa violência, escutarmos em profundidade e compreendermos o sofrimento de todos os envolvidos nos atos de ódio e violência.

Práticas pela paz

Neste livro eu recomendo diversas práticas àqueles que se perguntam como responder ao terrorismo e ao medo que vivenciam no dia-a-dia. A seguir eu relaciono essas práticas e algumas sugestões de como exercitá-las em uma variedade de contextos e situações.

Meditação andante

A mente pode andar em mil direções.
Mas nesta bela senda, eu caminho em paz.
A cada passo, uma brisa suave sopra.
A cada passo, uma flor desabrocha.

Meditação andante é meditação feita enquanto se caminha. Caminhamos lentamente, relaxando, com um leve sorriso nos lábios. Quando praticamos assim nos sentimos muito à vontade e nossos passos são os da pessoa mais segura na face da Terra. Meditação andante é realmente desfrutar da caminhada, é andar não para chegar, mas apenas por andar, é estar presente no momento e curtir cada passo. Portanto, é preciso afastar todas as preocupações e angústias, não pensar no futuro nem no passado, apenas desfrutar do momento presente. Todos podem fazê-lo. É preciso apenas um pouco de tempo, um pouco de atenção e o desejo de ser feliz.

Nós andamos o tempo todo, mas geralmente isso está mais para corrida que para caminhada. Nossos passos apressados transmitem ansiedade e aflição à Terra. Se pudermos dar um passo em paz, poderemos dar dois, três, quatro e depois cinco passos pela paz e a felicidade da humanidade.

Nossa mente atira-se de uma coisa para outra como um macaco pula de galho em galho sem parar para descansar. Os pensamentos têm milhões de caminhos possíveis e empurram-nos continuamente para o mundo do esquecimento. Se pudermos transformar o percurso da nossa caminhada num campo de meditação, nossos pés darão cada passo com plena percepção, nossa respiração estará em harmonia com os passos e a mente estará naturalmente à vontade. Cada passo que dermos reforçará a paz e a alegria em nós e fará com que uma corrente de serena energia nos permeie. Então poderemos dizer: "A cada passo, uma brisa suave sopra".

Enquanto anda, pratique respiração consciente contando os passos. Note cada respiração e a quantidade de passos que você dá ao inspirar e ao expirar. Se você der três passos durante uma inspiração, diga em silêncio "um, dois, três" ou "dentro, dentro, dentro", uma palavra com cada passo.

Ao expirar, se você der três passos, diga "fora" com cada passo. Se você der três passos ao inspirar e quatro ao expirar, diga: "Dentro, dentro, dentro. Fora, fora, fora, fora" ou "Um, dois, três. Um, dois, três, quatro".

Não tente controlar a respiração. Deixe que seus pulmões tomem o tempo e peguem quanto ar precisarem, notando simplesmente quantos passos você dá enquanto os pulmões se enchem e quantos enquanto eles se esvaziam, atentando simultaneamente para a respiração e para os passos. A atenção é crucial.

O número de passos por respiração muda quando você caminha em subida ou descida. Paute-se sempre pelas necessidades de seus pulmões. Não tente controlar a respiração nem o andar. Apenas observe-os atentamente.

É provável que a expiração seja mais demorada que a inspiração quando você estiver começando com a prática. Pode ser que você dê três passos enquanto inspira e quatro ao expirar (3-4) ou dois e três (2-3). Se isto for confortável para você, desfrute praticando assim. Depois de fazer meditação andante por algum tempo, talvez a duração da inspiração e da expiração seja a mesma, ou seja, 3-3, 2-2 ou 4-4.

Se no percurso você se deparar com alguma coisa que queira tocar com sua atenção – o céu azul, os morros, uma árvore, um pássaro –, simplesmente pare, mas continue respirando atentamente. Com a respiração atentiva você pode manter vivo o objeto de sua contemplação. Se você não respirar conscientemente, cedo ou tarde seu pensamento se recolherá e o pássaro ou a árvore desaparecerá. Acompanhe sua respiração constantemente.

Talvez você queira segurar a mão de uma criança ao andar. Ela receberá concentração e estabilidade de você e lhe dará frescor e inocência. De vez em quando, é possível que ela queira correr para frente e depois esperar até você a alcançar. A criança é um sino de atenção a recordar-nos que a vida é maravilhosa. Na Aldeia das Ameixeiras eu ensino aos jovens um verso singelo para dizerem enquanto andam: "Sim, sim, sim" ao inspirar e "Obrigado, obrigado, obrigado" ao expirar. Quero que respondam positivamente à vida, à sociedade e à Terra. E eles curtem muito isso.

Depois de ter praticado por alguns dias, tente acrescentar um passo à expiração. Por exemplo, se sua respiração normal é 2-2, alongue a expiração – sem acelerar o passo – e pratique em 2-3 quatro ou cinco vezes. Em seguida, continue com 2-2. Respirando normalmente, a gente nunca expele todo o ar dos pulmões. Ao acrescentar um passo durante a expiração, você conseguirá expulsar mais um pouco desse ar viciado. Não exagere. Quatro ou cinco vezes são o bastante. Se forçar mais, talvez você se canse. Depois de respirar assim quatro ou cinco vezes, deixe a respiração voltar ao normal. Lembre que se trata de acrescentar um passo na expiração, não na inspiração.

Depois de continuar com a prática mais uns dias, talvez seus pulmões lhe digam: "Seria ótimo se você pudesse fazer

3-3 em vez de 2-2". Se a mensagem for clara, tente fazer isso, mas mesmo assim apenas quatro ou cinco vezes. Depois, volte ao 2-2. Em cinco ou dez minutos, comece com 2-3 e depois faça 3-3 de novo. Com o passar dos meses, seus pulmões ficarão mais saudáveis e seu sangue circulará melhor. Seu jeito de respirar terá passado por uma transformação.

Ao praticarmos a meditação andante, nós chegamos a todo momento. Quando penetramos profundamente no momento presente, nossos pesares e arrependimentos desaparecem e descobrimos a vida com todos os seus prodígios. Ao inspirar, dizemo-nos: "Cheguei". Ao expirar, dizemos "Estou em casa". Fazendo isso, vencemos a dispersão e ficamos pacificamente no momento presente, que é o único que temos para estar vivos.

Também se pode praticar meditação andante usando os versos de um poema. No budismo zen, poesia e prática sempre vão juntas.

> Eu cheguei.
> Estou em casa
> no aqui,
> no agora.
> Sou sólido.
> Sou livre.
> No final
> Eu habito.

Enquanto anda, esteja plenamente ciente de seus pés, do chão e da ligação entre eles, que é a sua respiração consciente. Dizem que andar sobre a água é milagre, mas para mim o verdadeiro milagre é andar pacificamente sobre a Terra. A Terra é um milagre. Cada passo é um milagre. Dar umas passadas sobre nosso belo planeta pode resultar em autêntica felicidade.

Escuta profunda e fala amorosa

Muitas universidades dos Estados Unidos têm um curso chamado de Habilidades de Comunicação. Não sei ao certo o que se ensina neles, mas espero que incluam a arte de escuta profunda e fala amorosa. Isto deveria ser praticado diariamente por quem deseje desenvolver verdadeiras habilidades de comunicação. Como diz um ditado vietnamita, "não custa nada falar amorosamente". Basta escolher as palavras com cuidado para fazer outras pessoas muito felizes. O nosso jeito de falar e escutar pode proporcionar aos demais alegria, felicidade, autoconfiança, esperança, confiança e esclarecimento.

Em nossa sociedade, muita gente perdeu a capacidade de escutar e falar amorosamente. Em muitas famílias ninguém consegue escutar ninguém; a comunicação tornou-se impossível. Este é o maior problema da atualidade. Nunca na história humana tivemos tantos meios de comunicação – televisão, rádio, telefone, fax, internet, correio eletrônico –, porém ficamos como ilhas, com escassa comunicação real entre os familiares, entre as pessoas na sociedade e entre as nações. Há guerras e conflitos demais. Temos de ver como reabrir as portas da comunicação. Quando não conseguimos comunicar-nos, adoecemos, sofremos e espalhamos o sofrimento entre outras pessoas. Pagamos psicoterapeutas para nos escutarem, mas um psicoterapeuta é apenas um ser humano que também tem problemas.

Certa vez, em Karma Ling, um centro de meditação nos Alpes franceses, eu disse a um grupo de crianças que toda vez que sentissem uma dor interior deveriam procurar um amigo ou um dos pais e abrir-se sobre o que sentiam. As crianças sofrem como os adultos. Elas também se sentem sozinhas, isoladas e desamparadas. Temos de ensiná-las a comunicar-se quando estiverem sofrendo muito.

Suponha que a pessoa amada lhe diz algo indelicado e você sente mágoa. Se responder de imediato, você corre o risco de piorar a situação. O melhor é inspirar e expirar até se acalmar e, uma vez que estiver calmo o bastante, dizer: "Querido/a, o que você acaba de dizer me magoou. Eu gostaria de examinar isso bem fundo e gostaria que você também o fizesse". Depois vocês podem marcar um encontro para examinarem a questão juntos na sexta-feira, no fim da tarde. É bom que uma pessoa examine as raízes do sofrimento e é melhor duas pessoas fazerem esse exame, mas o melhor mesmo é que as duas pessoas o façam juntas. Proponho o fim da tarde de sexta-feira por duas razões. Primeiro porque logo após o incidente você está magoado e seria perigoso começar a discutir a questão de imediato. Talvez você diga coisas que piorem a situação. Até o fim da tarde de sexta-feira, você pode examinar em profundidade a índole de seu sofrimento, e a outra pessoa pode fazer o mesmo. Você também terá tempo para isso enquanto dirige. Antes da noite de sexta-feira, é possível que um de vocês (ou ambos) veja a raiz do problema, fale com o outro e peça desculpas. Assim, na noite de sexta-feira vocês poderão tomar um café e curtir juntos. Se marcarem um encontro, os dois terão tempo para se acalmar e fazer um exame profundo. A prática da meditação é isso. Meditação é acalmar-se e examinar em profundidade a natureza do próprio sofrimento.

Quando a noite de sexta-feira chegar, se o sofrimento não tiver sido transformado, vocês poderão praticar a arte de *Avalokiteshvara*: uma pessoa expressa-se enquanto a outra escuta atentamente[4]. Ao falar, você diz a verdade mais profunda falando amorosamente, que é o modo de falar que a outra pessoa pode compreender e aceitar. Ao escutar, você sabe que sua escuta deve ser de boa qualidade para aliviar o sofrimento da outra pessoa. Uma segunda razão para esperarem até sexta-feira é que, depois de neutralizarem esse sentimento na noite de sexta, vocês terão sábado e domingo para curtir juntos.

---

4. Na tradição do Budismo Mahayana, *Avalokiteshvara* é o *bodisatva* que representa a compaixão. Parallax Press.

A fala amorosa é um importante aspecto da prática. Nós dizemos apenas coisas amorosas. Dizemos a verdade com amor, sem violência. Isto só é possível quando estamos calmos. Quando estamos irritados podemos dizer coisas destrutivas. Logo, não devemos dizer nada quando estamos irritados. Nesses momentos, limitamo-nos a respirar. Se for preciso, podemos praticar meditação andante ao ar livre, olhando para as árvores, as nuvens, o rio. Quando tivermos recuperado a calma e a serenidade, estaremos novamente em condições de usar a linguagem de afetuosa gentileza. Se a sensação de irritação voltar enquanto falamos, podemos parar e respirar. Isto é a prática da atenção.

A escuta compassiva tem o propósito de ajudar a mitigar o sofrimento da outra pessoa. Você tem de nutrir a consciência de que, não importa o que a outra pessoa disser, você manterá a calma e seguirá escutando. Você não julga enquanto escuta. Você mantém viva a sua compaixão. A outra pessoa pode ser injusta, dizer coisas inexatas, acusar, atacar ou julgar. No entanto, você mantém a sua energia de compaixão e, com isso, sua semente de sofrimento permanece intocada. É muito útil praticar a respiração atentiva enquanto se escuta. "Ao inspirar, sei que estou escutando para que esta pessoa sofra menos. Ao expirar, lembro que a pessoa à minha frente está sofrendo muito." Precisamos treinar para ser capazes de sentar e escutar durante quarenta e cinco minutos ou uma hora sem ficarmos irritados. *Avalokiteshvara* é uma pessoa que tem essa capacidade e pratica a arte da escuta profunda.

Não queremos que nossas sementes de sofrimento sejam regadas enquanto escutamos. Por isso temos de praticar. O tempo que passarmos praticando andar, respirar e sentar com atenção é muito importante. Temos de ajudar-nos antes de poder ajudar mais alguém. Ao experimentarmos pela primeira vez a escuta compassiva, talvez percebamos que nosso limite é de apenas quinze minutos e depois nos sintamos sem forças para continuar. Então devemos dizer o seguinte: "Querida/o, podemos continuar mais tarde? Agora preciso fazer um pouco de meditação andante". Temos de renovar-nos antes de prosseguir. É importante que cada um conheça seu limite. Se não conhecermos nosso limite, não conseguiremos ajudar ninguém.

Já compareci a reuniões em que uma pessoa a quem ninguém escutara até então simplesmente não conseguia falar. Tivemos de praticar respiração atentiva por um bom tempo. Ficamos sentados em atitude atentiva e essa pessoa tentou várias vezes até que finalmente pôde contar-nos sua aflição. A paciência é sinal de amor verdadeiro. Se você ama alguém de verdade, será mais paciente com essa pessoa.

A prática do *bodisatva Avalokiteshvara* consiste em escutar a fundo todo tipo de som, inclusive o da dor de dentro e de fora. Escutar o sino, o vento, a água, os insetos e todos os seres vivos faz parte da nossa prática. Quando sabemos escutar em profundidade e respirar profundamente com atenção, tudo fica claro e intenso.

Começar de novo

Na Aldeia das Ameixeiras costumamos fazer uma cerimônia de Começar de Novo toda semana. Todos nos sentamos em círculo, em cujo centro há um vaso com flores frescas, e concentramo-nos na respiração enquanto esperamos o facilitador começar. A cerimônia tem três partes: regar as flores, expressar desculpas e expressar mágoas e dificuldades. Esta prática pode evitar a acumulação de sentimentos de mágoa ao longo das semanas e contribui para tornar a situação mais segura para todos os membros da comunidade.

Começamos regando as flores. Quem está pronto para falar junta as palmas das mãos e os demais imitam seu gesto para indicar que essa pessoa tem a palavra. Então a pessoa se levanta, caminha lentamente até as flores, pega o vaso e volta para sentar-se no seu lugar. Quando fala, suas palavras refletem o frescor e a beleza da flor que ela tem nas mãos. Durante a rega das flores, todos os que falam reconhecem as qualidades salutares e maravilhosas dos outros. Não é bajulação, pois sempre falamos a verdade. Todo mundo tem pontos fortes que são perceptíveis com atenção. Ninguém pode interromper enquanto a pessoa que segura a flor está falando. Ela dispõe do tempo que precisar e todos os demais praticam escuta profunda. Ao terminar de falar, a pessoa põe-se de pé e, lentamente, vai colocar o vaso novamente no centro da sala.

Não se deve subestimar esta primeira etapa de rega de flores. Quando somos capazes de reconhecer sinceramente as belas qualidades de outras pessoas, é muito difícil que persistamos na raiva e no ressentimento. Haverá um natural abrandamento e nossa perspectiva se tornará mais ampla, abrangendo a realidade como um todo. Quando nos livramos das percepções erradas, da irritação e da tendência a julgar, encontramos facilmente o modo de reconciliar-nos com outras pessoas da comunidade ou da família. A finalidade essencial desta prática é restabelecer o amor e a compreensão entre membros da comunidade. A forma assumida pela prática deve adequar-se à situação e às pessoas envolvidas. É sempre conveniente consultar pessoas mais experientes na prática e que passaram por dificuldades similares para aproveitar suas experiências.

Na segunda parte da cerimônia, nós apresentamos desculpas por tudo aquilo com que tenhamos magoado outras pessoas. Basta uma frase irrefletida para magoar alguém. A cerimônia de Começar de Novo oferece-nos a oportunidade de recordar alguma desculpa por fato anterior da semana e desfazê-la. Na terceira parte da cerimônia nós externamos de que maneira outros nos magoaram. Falar com amor é fundamental. Queremos curar a comunidade, não machucá-la. Falamos com franqueza, mas não temos a intenção de ser destrutivos. A meditação em escuta é um elemento importante da prática. Quando estamos num círculo de amigos que praticam a escuta profunda, o que dizemos se torna mais belo e mais construtivo. Nunca acusamos nem discutimos.

Na parte final da cerimônia, a escuta compassiva é essencial. Escutamos o relato das mágoas e dificuldades da outra pessoa com vontade de aliviar o seu sofrimento, não de julgá-la, nem discutir com ela. Escutamos com total atenção. Mesmo se ouvimos algo que não é verdade, continuamos a escutar com profunda atenção para que a pessoa possa exprimir sua dor, livrando-se de suas tensões internas. Se replicarmos ou corrigirmos algo que ela disser, a prática não dará frutos. Limitamo-nos a escutar. Se acharmos preciso dizer a essa pessoa que se enganou, poderemos fazê-lo uns dias mais tarde, em particular e com calma. Depois, na seguinte sessão de Começar de Novo, talvez ela retifique o engano e nós não precisemos dizer nada. Costumamos encerrar a cerimônia cantando uma canção ou fechando o círculo de mãos dadas e respirando por um minuto. Às vezes, finalizamos com um abraço de meditação.

Fontes

O material para este livro provém das seguintes fontes:

As melhores flores da nossa prática. Palestra pública no Berkeley Community Theater, em Berkeley, Califórnia, 13 de setembro de 2001.

Cultivar a compaixão em resposta à violência, um recurso para a paz. Declaração efetuada nos Estados Unidos em 18 de setembro de 2001.

Acolhendo a raiva. Palestra pública na Igreja Riverside, em Nova York, 25 de setembro de 2001.

"Investida contra o terror" é uma expressão enganosa. Declaração efetuada em Xangai, na China, 19 de outubro de 2001.

Investida contra o terror. Discurso sobre o darma na Aldeia das Ameixeiras, França, 22 de novembro de 2001.

Arrependei-vos, o Reino de Deus está próximo. Discurso sobre o darma na Aldeia das Ameixeiras, França, 24 de dezembro de 2001.

Transformar a violência e o medo. Palestra pública na Biblioteca do Congresso, Washington, D.C., 10 de setembro de 2003.

Resumo da turnê de 2003 pelos Estados Unidos.

Discurso sobre o darma na Aldeia das Ameixeiras, França, 25 de setembro de 2003.

Discurso sobre o darma no Mosteiro Kim Son, Califórnia, setembro de 2001.

O Sino de Atenção, número 32.

Entrevista no PBS, 19 de setembro de 2003.

Entrevista em Beliefnet.com, setembro de 2001 e 25 de maio de 2004.

Práticas pela Paz extraídas de: *Joyfully Together* (Berkeley, CA: Parallax Press 2003); *The Long Road Turns to Joy* (Parallax Press, 1996); *The Path of Emacipation* (Parallax Press, 2000); *Peace Begins Here* (Parallax Press, 2004); *Present Moment, Wonderful Moment* (Parallax Press, 1990) e *Teachings on Love* (Parallax Press, 1998).

Parallax Press é uma organização sem fins de lucro que publica livros sobre budismo engajado e a prática da atenção plena de Thich Nhat Hahn e outros autores. Toda a obra de Thich Nhat Hahn está disponível em nossa loja *online* e nosso catálogo gratuito. Para solicitar uma cópia do catálogo, entre em contato com:

Parallax Press
www.parallax.org
P.O. Box 7355
Berkeley, CA 94707
Tel. 510 525-0101

Monges e leigos praticam a arte da vida atentiva segundo a tradição de Thich Nhat Hahn em comunidades de retiro na França e nos Estados Unidos. Para receber informação sobre o ingresso de pessoas e famílias nessas comunidades por um período de prática, visite www.plumvillage.org ou contate:

Plum Village
13 Martineau
33580 Dieulivol, França
info@plumvillage.org

Green Mountain Dharma Center
P.O. Box 182
Hartland Four Corners, VT 05049
mfmaster@vermontel.net
Tel. 802 436-1103

Deer Park Monastery
2499 Melru Lane
Escondido, CA 92026
deerpark@plumvillage.org
Te. 760 291-1003

Para ver a lista mundial de *Sangha*s que praticam na tradição de Thich Nhat Hahn, visite www.iamhome.org

CATEQUÉTICO PASTORAL

Catequese – Pastoral
Ensino religioso

CULTURAL

Administração – Antropologia – Biografias
Comunicação – Dinâmicas e Jogos
)logia e Meio-Ambiente – Educação e Pedagogia
Filosofia – História – Letras e Literatura
Obras de referência – Política – Psicologia
Saúde e Nutrição – Serviço Social e Trabalho
Sociologia

TEOLÓGICO ESPIRITUAL

Biografias – Devocionários – Espiritualidade e Mística
Espiritualidade Mariana – Franciscanismo
Autoconhecimento – Liturgia – Obras de referência
Sagrada Escritura e Livros Apócrifos – Teologia

REVISTAS

Concilium – Estudos Bíblicos – Grande Sinal – REB
RIBLA – SEDOC

VOZES NOBILIS

O novo segmento de publicações
da Editora Vozes.

PRODUTOS SAZONAIS

Folhinha do Sagrado Coração de Jesus
Calendário de Mesa do Sagrado Coração de Jesus
Almanaque Santo Antônio – Agendinha
Diário Vozes – Meditações para o dia-a-dia
Guia do Dizimista

CADASTRE-SE
www.vozes.com.br

EDITORA VOZES LTDA.
ıa Frei Luís, 100 – Centro – Cep 25.689-900 – Petrópolis, RJ – Tel.: (24) 2233-9000 – Fax: (24) 2231-4676 –
E-mail: vendas@vozes.com.br

NIDADES NO BRASIL: Aparecida, SP – Belo Horizonte, MG – Boa Vista, RR – Brasília, DF – Campinas, SP –
Campos dos Goytacazes, RJ – Cuiabá, MT – Curitiba, PR – Florianópolis, SC – Fortaleza, CE – Goiânia, GO –
uiz de Fora, MG – Londrina, PR – Manaus, AM – Natal, RN – Petrópolis, RJ – Porto Alegre, RS – Recife, PE –
Rio de Janeiro, RJ – Salvador, BA – São Luís, MA – São Paulo, SP
UNIDADE NO EXTERIOR: Lisboa – Portugal